SCHOFIELD'S

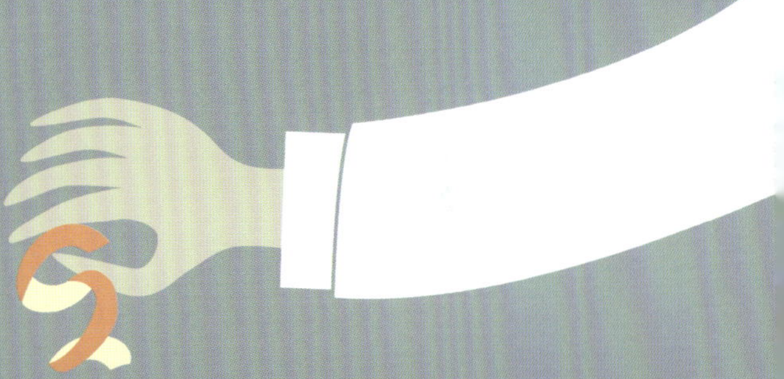

Dieses Buch widmen wir allen, die uns gelehrt, inspiriert, geholfen und eine Chance gegeben haben. Wir stehen in eurer Schuld.

Zum Wohl!

Die Originalausgabe ist 2019 unter dem Titel »Schofield's Fine and Classic Cocktails« bei Kyle Books erschienen, einem Imprint von of Kyle Cathie Ltd., Carmelite House, 50 Victoria Embankment, London EC4Y 0DZ. www.kylebooks.co.uk

HALLWAG ist ein Unternehmen der GRÄFE UND UNZER VERLAG GmbH, München, GANSKE VERLAGSGRUPPE.
www.hallwag.de

GRÄFE UND UNZER

Ein Unternehmen der
GANSKE VERLAGSGRUPPE

www.facebook.com/gu.verlag

Fotos: Ed Schofield
Drink Styling: Liam Cotter & Matthew Robertson for Heads, Hearts & Tails

Projektleitung: Claudia Bruckmann
Gesamtproduktion: Werkstatt München, Buchproduktion
Übersetzung: Martin Waller
Lektorat: Karen Dengler
Satz: Cordula Schaaf
Herstellung: Markus Plötz
Umschlaggestaltung: independent Medien-Design, Horst Moser

1. Auflage 2019

ISBN 978-3-8338-7411-6

Alle Rezepte ergeben je einen Cocktail.

Joe Schofield & Daniel Schofield

Classic Cocktails

Die 100 besten Drinks

Fotos: Ed Schofield

Hallwag

INHALT

Geboren und aufgewachsen am Stadtrand von Manchester, begannen Joe und Daniel Schofield schon als Teenager in der Gastronomie zu arbeiten.

Vorherbestimmt war ihnen eine Karriere als Barkeeper nicht, hatten die Schofields doch seit 120 Jahren ein Familienunternehmen für Brandschutzeinrichtungen. Doch seit beide Brüder unbestritten zu den besten Barkeepern der Welt gehören, ist das neue Familienbusiness die Mixologie. Joe hat als erster Barmann die beiden Titel des *International Bartender of the Year* bei den »Tales of the Cocktail Spirited Awards« und des *Bartender's Bartender* bei »The World's 50 Best Bars« errungen. Und auch Daniel war als *Bartender of the Year* bei den »Class Bar Awards« nominiert.

Nun, 2019, haben es die Brüder zusammen auf über 25 Jahre Arbeit in einigen der besten Bars der Welt gebracht. Von Singapur, Paris, Sydney und natürlich ihrer Heimatstadt Manchester bis zum Mekka jedes anspruchsvollen Cocktailmixers, der American Bar im Savoy Hotel in London, konnten sie mit einigen der talentiertesten Menschen zusammenarbeiten – von denen auch viele zu diesem Buch beigetragen haben.

EINFÜHRUNG

Warum dieses Buch? Nun, zunächst und vor allem möchten wir unsere Rezepte und unsere Vorgehensweise weitergeben. Es gibt Tausende von Cocktails, und für jeden von ihnen einschüchternd viele verschiedene Rezepte und Zubereitungsarten – dabei will man sich zu Hause doch einfach nur einen guten Drink mixen. Im Lauf unserer Karriere haben wir allerdings jede Menge Zeit darauf verwendet, Dinge beständig anzupassen und zu verbessern. Die Rezeptsammlung dieses Buchs ist deshalb unser persönliches Credo, wie die Drinks am besten schmecken. Wir wollen nachvollziehbar sein, unsere Denkweise mitteilen und Ihnen helfen, wirklich tolle Cocktails zu machen – ob Sie nun zu Hause mixen oder ein junger Barkeeper sind.

Wir mögen auch die geschichtliche Seite der Cocktails – woher sie kommen, wer sie erfunden hat (und warum und wie) – und haben deshalb versucht, in den Einführungstexten zu jedem Cocktail etwas Hintergrund zu liefern. Wir wissen, wie wichtig der Blick in die Vergangenheit vor dem Blick in die Zukunft ist. Bei der Zusammenstellung unserer 100 klassischen Cocktails haben wir deshalb all die großen alten Cocktailbücher studiert, um herauszufinden, wie sie sich mit der Zeit entwickeln haben. Das ist es, was einen klassischen Drink ausmacht: Im Lauf der Jahre wurde er immer wieder leicht verändert und verbessert, um mit den modernen Vorlieben und Gewohnheiten Schritt zu halten und deshalb nie außer Mode zu geraten.

Der Geschmack ändert sich ständig, und es ist die Aufgabe von uns Bartendern, sich auf diese Veränderungen einzustellen und sich weiterzuentwickeln. Dieses Buch ist daher unsere Sammlung von Klassikern, das heißt unsere persönlichen Favoriten und ebenso die Favoriten aller in jeder Bar dieser Welt. Wir haben diese Klassiker leicht angepasst, mit unserer eigenen Note versehen, um auf der Höhe der Zeit zu bleiben und um Ihnen Rezepte an die Hand zu geben, mit denen Sie hinter der Bar oder zu Hause gut zurechtkommen werden.

Einige Rezepte sind recht neue Kreationen – der Breakfast Martini, der Penicillin oder Tommy's Margarita beispielsweise –, die alle, kaum dass sie erfunden worden waren, fast sofort zu Klassikern wurden. Wir sind glücklich, dass ihre Schöpfer, Salvatore Calabrese, Sam Ross und Julio Bermejo, so großzügig waren, diesem Buch ihre persönlichen Rezepte zur Verfügung zu stellen.

Wir hoffen auf jeden Fall, dass Ihnen unsere Auswahl gefällt und Sie dazu inspiriert, sie nach Ihrem Geschmack selbst anzupassen und zu optimieren. Der große Spaß beim Cocktailmixen ist ja nicht zuletzt das Experimentieren!

Und nun lassen Sie uns mit den Grundlagen beginnen …

GASTREZEPTE

Wir hatten das Glück, während unserer Laufbahn einigen unglaublich fähigen Menschen zu begegnen. Sie haben uns dazu inspiriert, besser zu werden, und viele von ihnen dürfen wir voll Stolz unsere Freunde nennen. Diese Freunde gehören zu den weltbesten Barkeepern, und wir sind sehr dankbar, dass sie ihre eigenen Rezepte in diesem Buch mit uns teilen. Die meisten sind relativ klassisch im Stil, was bedeutet, dass Sie kein teures Zubehör brauchen, um sie zu mixen – es sind einfach ehrliche, simple, köstliche Drinks. Wir haben diese Rezepte so übernommen, wie wir sie bekommen haben, einschließlich der Spirituosen u. a. Wir haben nur die Mengenangaben in Milliliter umgerechnet, um im Buch einheitlich zu bleiben.

Auch die für uns charakteristischen Cocktails, unsere Signature Drinks, sind dabei: für Joe der William Wallace (Seite 65) und für Daniel der Padrino (Seite 117).

UNSERE PHILOSOPHIE

Wir beginnen damit, Ihnen unsere Ideen vorzustellen, wie Drinks kreiert und serviert werden sollten. Dies sind unsere Grundüberzeugungen:

1

GESCHMACK STEHT AN ERSTER STELLE. Das kann man gar nicht stark genug betonen. Was nützen all die Hightech-Utensilien, die schönen Gläser und innovativen Garnituren, wenn der Drink selbst nicht auf der Höhe ist? Natürlich können solche Extras den Geschmack und das Erlebnis im Allgemeinen weiter steigern, aber im Ernst: Ein wirklich großer Cocktail sollte in einem feinen japanischen Stielglas ebenso fantastisch schmecken wie in einem normalen Glas, das man in Ihrer Stammkneipe verwendet.

Daraus folgt auch, dass die Zutaten für einen Cocktail ausschließlich nach dem Geschmack ausgewählt werden sollten, nicht mehr, nicht weniger. Unbekannte Zutaten vom anderen Ende der Welt aufzutreiben kann Spaß machen und die Leute auch neugierig auf Ihre Cocktailauswahl machen. Der Geschmack aber muss immer den Vorrang haben.

Und schließlich: Probieren Sie immer Ihre Drinks. Nur auf diese Weise schulen Sie Ihren Gaumen und stellen sicher, dass der Drink perfekt ist, bevor Sie Ihn servieren.

2

GLEICH DANACH KOMMT DAS AROMA. Über 80 Prozent der Geschmacksempfindung beruhen auf einem Vorgang, den man »retronasale Wahrnehmung« nennt, das haben Studien ergeben. Das bedeutet, dass Aroma- bzw. Geruchsmoleküle beim Essen und Trinken aus der Mundhöhle in die Nase gelangen, und erklärt auch, warum ein Zitronen-Twist oder ein Minzzweig oft Cocktails, die nun schon seit über einem Jahrhundert Klassiker sind, den letzten Schliff geben.

3

AUCH DIE ANDEREN SINNE VERDIENEN BEACHTUNG.
Denken Sie visuell. »Das Auge isst mit«, werden Köche nicht müde zu betonen, und das stimmt ja auch. Wir glauben fest daran, dass ein Getränk appetitlich aussehen sollte, weil das Geschmackserlebnis damit ebenfalls verstärkt wird. Dabei geht es nicht immer nur um die Kirsche obendrauf oder eine schrille Garnitur. Manchmal ist Einfachheit der Schlüssel. Auf jeden Fall muss die Art der Darbietung bedacht werden. Jeder Drink sollte einladend sein und das Auge erfreuen.

4

GARNITUREN. Sie können in einem Cocktail eine entscheidende Rolle spielen (siehe Seite 9), aber sie müssen richtig eingesetzt werden, ästhetisch wie aromatisch. Sie sollten dem Drink immer etwas geben, aber niemals von seinem Geschmack ablenken. In unserem Ausbildungsprogramm im SCHOFIELD'S betonen wir, wie wichtig und schön Einfachheit ist, denn sie ist unserer Meinung nach ein zentrales Element in jedem Getränk, das sich über längere Zeit bewährt hat. Wir haben hinter der Bar immer sehr viel mit Garnituren experimentiert, bis zu einem Punkt, am dem sie anfingen, wie Kreationen eines Konditors auszusehen. Und doch stand die Flüssigkeit im Glas immer an erster Stelle.

5

HAPTISCHE WAHRNEHMUNG. Haben Sie diesen Ausdruck schon einmal gehört? Er bezeichnet den Gefühlssinn, also wie sich etwas anfühlt. Das verdient ebenfalls Beachtung. Wie etwas aussieht, in der Hand liegt, sich auf der Haut anfühlt, bestimmt in großem Maße, wie man es erlebt. Wird etwa ein Old Fashioned in einem schweren, dekorativen Tumbler serviert, wirkt der Drink reichhaltig und luxuriös. Würde man aber einen Negroni in einem solchen Glas servieren, würde das Gewicht des Glases dem Drink einige seiner floral-aromatischen Topnoten nehmen, die umgekehrt von einem dünnwandigen, leichten, eleganten Glas betont werden.

6

COCKTAILS SIND EIN GROSSES VERSUCHSFELD. Und das ist der Grund, warum man so viel Spaß mit ihnen hat. Beim Herumexperimentieren lassen wir uns auch immer von den klassischen Drinks inspirieren, die ja eine großartige Bezugsgröße sind. Bei Cocktails geht es stets um Ausgewogenheit, beispielsweise darum, die Süße eines Likörs mit einer trockenen Spirituose oder Zitrussäure auszubalancieren – und klassische Drinks sind ja bereits Erfolgsrezepte. Eine klassische Daisy etwa ist eine einfache Kombination aus einer Spirituose, einem Likör, Zitrussaft und ein bisschen Zucker. Jede dieser Zutaten könnte durch etwas anderes ersetzt werden. Tauscht man beispielsweise die Basisspirituose, den Likör oder den Zitrussaft aus, entstehen neue Drinks. Vielleicht müssen die Mengen etwas angepasst werden, aber die DNA des klassischen Drinks ist immer noch vorhanden. Praktisch jeder Drink, den wir kreiert haben, lässt sich so auf einen klassischen Cocktail zurückführen, und wir haben bei unserer Arbeit in Restaurants die Erfahrung gemacht, dass auch Köche auf diese Weise arbeiten. Fast immer gibt es einen Klassiker als Prüfstein. Beim Experimentieren stolpert man oft genug plötzlich über etwas Großes, also nur zu!

7

EIN KONZEPT HABEN. Das ist ebenfalls sehr wichtig, insbesondere in der Getränkegastronomie – wer in einer Eckkneipe Tiki-Drinks serviert, liegt irgendwie daneben und wird seinen Laden nicht lange halten können. Das Konzept muss zur Art des Lokals passen, und ebenso muss auch ein Fest, das man zu Hause oder in einem Lokal gibt, konzeptionell stimmen. Bei einer

Hochzeit wird man den Gästen eher Champagner servieren als beispielsweise einen Zombie, und ein klug gemixter Cocktail kann einer besonderen Gelegenheit auch den besonderen Schwung verleihen.

8

»KAIZEN«. Diesen wunderbaren Begriff aus Japan kann man sinngemäß mit »kontinuierliche Verbesserung« übersetzen. Er hat zwar vor allem in der Geschäftswelt Bedeutung, aber wir schätzen ihn als eine Einstellung, die alles betrifft, was man tut. Die besten Drinks gelingen, wenn man sich zu 100 Prozent auf die Aufgabe konzentriert, die gerade ansteht. Man sollte sich immer bemühen, sich zu entwickeln und besser zu werden, denn nur durch Engagement und Hingabe kann man sich der Perfektion annähern. Das gilt unserer Ansicht nach für jedes Getränk, das man zubereitet. Ob Sie sich einen Kaffee oder eine Cola mit Eis und Zitrone machen: Versuchen Sie immer, Ihr Bestes zu geben.

9

WISSEN IST EXTREM WICHTIG. Das gilt insbesondere für Barkeeper. Sie müssen alle ihre Getränke kennen: Cocktails, Spirituosen, Wein, Bier, Softdrinks, Kaffee usw. In Großbritannien macht Wein etwa 35 Prozent des Umsatzes alkoholischer Getränke aus, und doch wissen so viele Barkeeper viel zu wenig darüber. Stattdessen kennen sie sich toll mit einem komischen Cocktail aus den 1920er-Jahren aus, den sie aber nur hier und da einmal mixen. Das ist Quatsch. Diese Lektion hat uns Declan McGurk eingebläut, als Joe im Londoner Savoy arbeitete, und wir sind ihr bis heute treu geblieben.

10

GASTFREUNDSCHAFT. Sie steht auf der Liste unserer Grundüberzeugungen ganz oben, denn sie ist der wichtigste Teil des Erlebnisses. Ohne großartige Gastfreundschaft gibt es keinen großartigen Drink. Wir erinnern uns gern an einige der besten Erfahrungen, die wir selbst in Bars gemacht haben. Manchmal wurde dabei sogar ein umwerfender Cocktail gemixt – ausnahmslos immer aber war ein großartiger Bartender zugegen. Ein angenehmer, aufmerksamer und freundlicher Gastgeber kann den übelsten Tag in einen denkwürdigen verwandeln, und darum dreht sich doch alles bei einem großartigen Drink.

Natürlich gibt es bei der Arbeit hinter der Bar immer wieder auch schwierige Momente, und wir haben über die Jahre gelernt, dass wir es besser vermeiden sollten, Gästen maßgeschneiderte Cocktails zu mixen. Es gibt eine ganze Welt von wunderbaren klassischen Cocktails, aus denen man auswählen kann, also ist das wirklich nicht nötig. Darüber hinaus ist nichts enttäuschender für einen Gast, als in seine Bar zu kommen und seinen speziellen Lieblingscocktail nicht zu kriegen, weil der Barkeeper, der ihn erfunden hat, an diesem Abend keinen Dienst hat. Aber natürlich wollen wir niemanden jemals enttäuschen, und es ist manchmal eine ziemliche Gratwanderung, beides zu erreichen! Aber wer sagt denn, dass Gastfreundschaft nur schwarz oder weiß ist? Es gibt immer Zwischentöne, und wir glauben, dass sich Gastfreundschaft immer dann am besten zeigt, wenn sie von Herzen kommt und jemand davon überzeugt ist, das Richtige zu tun.

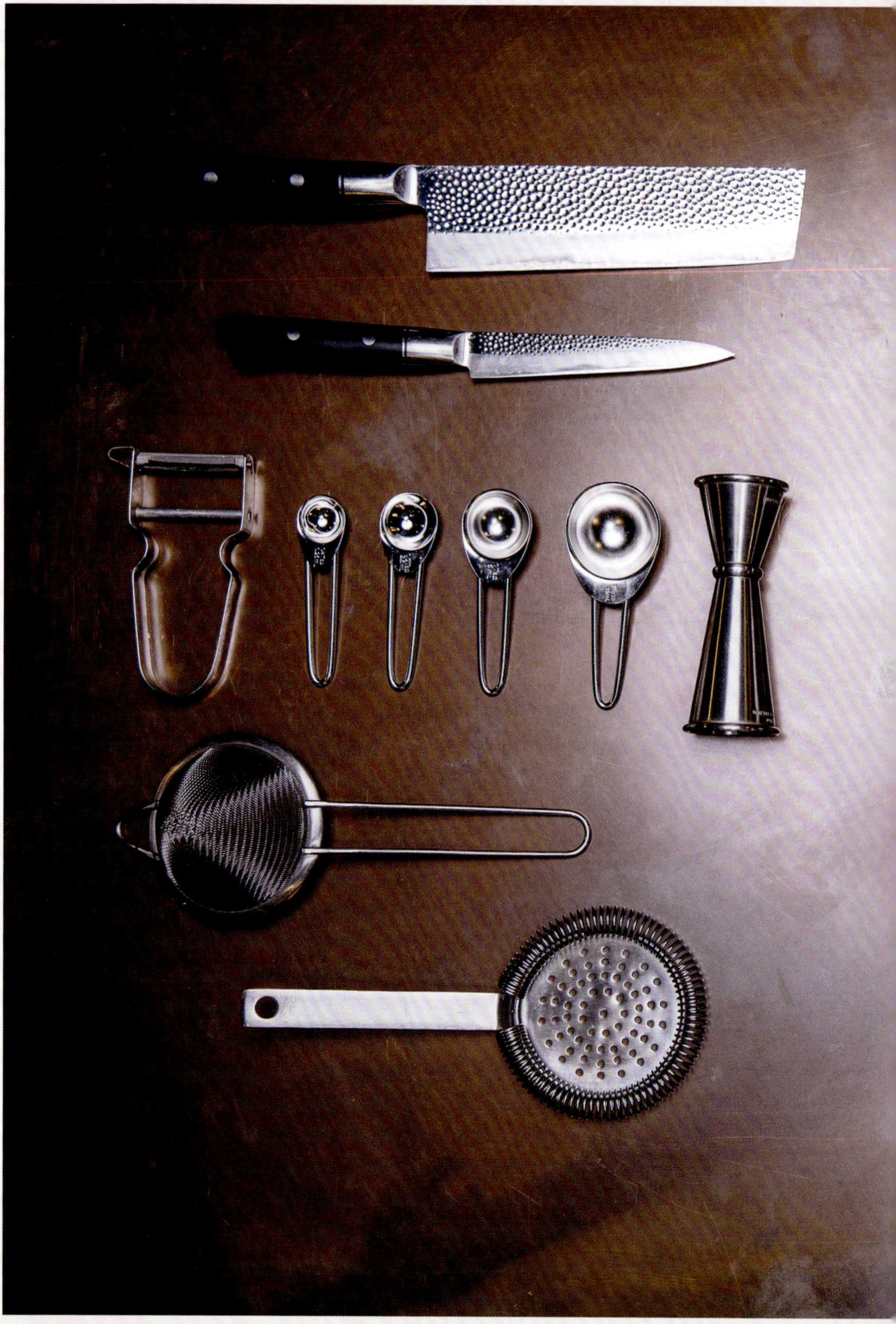

BARWERKZEUG

Kein Cocktailfreund, der etwas auf sich hält, kommt ohne die folgenden Utensilien aus. Die beschriebenen Werkzeuge sind auf Seite 12–13 abgebildet, in der Reihenfolge von oben nach unten und von links nach rechts.

MESSER

Ein Barkeeper sollte ebenso sehr in gute Messer investieren wie ein Koch. Es werden viel zu viele billige Messer gekauft und dann bald wieder weggeworfen. Schaffen Sie sich eine Ausrüstung an, auf die Sie stolz sein können! Sie sollten auch lernen, Ihre Messer selbst zu schleifen – eine äußerst nützliche Kunst. An einem stumpfen Messer verletzt man sich viel eher als an einem scharfen. Führen Sie beim Schneiden von Zutaten das Messer immer von sich weg und passen Sie auf Ihre Finger auf.

ZITRUSSCHÄLER

Ein guter Schäler kann eine Menge Zeit sparen. Wir mögen die Version aus Stahl in Y-Form; sie nimmt genau die richtige Menge der Schale ab ohne die weiße Haut darunter, die einem Drink eine unerwünschte bittere Note verleihen kann.

MESSLÖFFEL

Wie den Jigger verwendet man sie zum Abmessen kleiner Mengen. In vielen Rezepten dieses Buchs wird eine Kombination von Jigger und Messlöffel eingesetzt. Wir empfehlen dringend, beide zum Abmessen zu verwenden. 2 Dashes (Spritzer) entsprechen 1,25 ml, 4 Dashes etwa 2,5 ml Bitters.

JIGGER

Der Jigger, auch Barmaß genannt, ist für das Abmessen von Getränkemengen unverzichtbar. Ohne ihn bekommt man nie zuverlässig genau ausgewogene Cocktails hin. Manche arbeiten lieber ohne Jigger im »Freepouring«-Stil. Das beschleunigt das Mixen zwar, bringt aber uneinheitliche Ergebnisse hervor. Ein Cocktailrezept ist eine sehr präzise Anleitung, der man so genau wie möglich folgen sollte. Füllen Sie das Barmaß immer bis zum Strich. Jigger gibt es in vielen Größen und Formen; wählen Sie einen, der geeicht ist, dann können Sie sicher sein, dass das Maß stimmt. In unseren Rezepten rechnen wir in Millilitern, denn das ist unserer Meinung nach am genauesten.

FEINES BARSIEB (FINE STRAINER)

Dies ist ein besonders feines Metallsieb, das wir gern für jeden Drink verwenden, der geschüttelt wird. Es hält auch die kleinsten Eissplitter zurück und verleiht dem Cocktail dadurch eine wunderbar seidige Textur. Andere Barleute sind da zurückhaltender, da der Fine Strainer ihrer Meinung nach die Luftbläschen aus dem Drink entfernt, was in einem gewissen Maß auch stimmt. Wurde der Drink aber lang und kräftig genug geschüttelt, sollte er immer noch eine feine Schaumschicht haben. Ohne die Eisstückchen besteht übrigens auch nicht die Gefahr, dass er verdünnt wird.

BARSIEB (STRAINER)

Dieses Metallsieb passt genau auf ein Rührglas oder den Mixbecher eines zweiteiligen Shakers und lässt beim Ausgießen im Prinzip nur die Flüssigkeit durch. Es gibt zwei häufig verwendete Typen: den Hawthorne-Strainer (wie abgebildet) und den Julep-Strainer. Ersterer ist scheibenförmig mit einem Spiralfederring, Letzterer schalenförmig gewölbt.

BARLÖFFEL

Dieser Löffel ist langstielig genug, um bis zum Grund eines Rührbechers oder -glases zu reichen. Er fasst etwa 5 ml Flüssigkeit (ungefähr so viel wie ein Teelöffel) und sollte idealerweise ausschließlich zum Umrühren und Mixen verwendet werden.

DREITEILIGER SHAKER

Er wird auch Standard- oder Cobbler Shaker genannt. Er ähnelt dem zweiteiligen Shaker, hat aber zusätzlich ein integriertes Barsieb, was die Handhabung beim Schütteln etwas komplizierter macht. Da aber der Drink gleich durch das Sieb ausgegossen wird, ist er für den Nichtprofi einfacher zu verwenden und sehr effizient, um Cocktails zu mixen.

RÜHRBECHER

In ihm rührt man einen Drink mit Eis, anstatt ihn zu schütteln. Es werden auch Rührgläser verwendet, doch wir bevorzugen Edelstahlbecher, da sich der Cocktail darin schneller abkühlt und sie, wie die Mixbecher eines Shakers, viel robuster sind. Ein gutes Rührglas bzw. ein guter Rührbecher sollte eine Ausgusslippe haben, damit der Drink nach dem Verdünnen und Kühlen ohne Kleckern ins Glas gegossen werden kann.

BARSTÖSSEL (MUDDLER)

Er ähnelt einem Mörserstößel und dient auch einem vergleichbaren Zweck: Man zerstößt oder zerdrückt damit bestimmte Zutaten, um deren Öle oder Säfte und damit ihre Aromen freizusetzen. Ursprünglich aus Holz, sind Barstößel heute meist aus Kunststoff. Wir verwenden sie hauptsächlich zum Zerdrücken frischer Früchte oder um Zitrusschale auf feinem Zucker zu zerstoßen. Dazu später mehr.

ZWEITEILIGER SHAKER

Auch Boston Shaker genannt, ist der zweiteilige Shaker ein ausgezeichnetes, unkompliziertes Werkzeug, das aus zwei Bechern besteht, in denen der Drink geschüttelt wird. Wir finden, dass er aus Edelstahl sein sollte, nicht aus Glas, da er dann leichter und haltbarer ist und nicht zerbrechen kann. Außerdem kommt man mit Edelstahl sehr schnell auf eine niedrige Temperatur und hält sie leichter, und genau darum geht es ja auch.

SCHNEIDBRETT

Reservieren Sie eines ausschließlich für die Zubereitung von Drinks und halten Sie es sauber. Das ist nicht nur eine Frage der Lebensmittelhygiene, sondern verhindert auch, dass der Drink unerwünschte Aromen vom Schneidbrett annimmt. Legen Sie das Brett bei der Benutzung auf ein Geschirrtuch, damit es nicht wegrutscht.

GLÄSER

Für tolle Cocktails brauchen Sie eiskalte Gläser. 30 Minuten Kühlung im Gefrierfach sollten genügen. Es gibt natürlich ein paar Ausnahmen; Champagnerflöten und Weingläser etwa haben in der Tiefkühlung nichts zu suchen. Schaumwein verliert im Kontakt mit einem eiskalten Glas seine Kohlensäure, darüber hinaus kann es dazu kommen, dass sich der Wein »verschließt«, das heißt, all seine feinen Aromen und Geschmacksnoten verliert.

Wenn Sie nur begrenzt Platz haben, sollten diejenigen Gläser den Vorzug erhalten, in denen Drinks ohne Eis serviert werden, beispielsweise Coupettes und Martinigläser. Wenn Sie kein Gefrierfach haben, füllen Sie das Glas am besten mit gestoßenem Eis und schwenken es ein paar Mal, das kühlt das Glas ebenfalls.

GLÄSER FÜR HEISSE GETRÄNKE

Nach derselben Logik wie oben lohnt es sich auch immer, Gläser, die für heiße Getränke wie etwa einen Hot Toddy gebraucht werden, vorher zu erwärmen, damit der Drink länger warm bleibt. Das geht am einfachsten, wenn man sie mit heißem Wasser ausspült. Manchen wenden diese Technik auch für Irish Coffee an. Wir verzichten in diesem Fall aber darauf, weil wir den Kontrast zwischen dem heißen Kaffee und der kalten Vanillesahne so lange wie möglich erhalten wollen.

DER UMGANG MIT GLÄSERN

Gläser sollten Sie immer am Fuß oder am Stiel halten. Dadurch vermeiden Sie nicht nur Fingerabdrücke am geeisten Glas und befolgen die Hygienevorschriften, bei Stilgläsern wird so auch verhindert, dass sich die Wärme der Hand auf das Glas überträgt.

Prüfen Sie vor Gebrauch unbedingt die Qualität der Gläser, etwa, ob sie richtig poliert sind oder ob sie Flecken bzw. Sprünge haben. Achten Sie auch auf abgeplatzte Stellen am Glasrand, in denen sich Bakterien ansiedeln können. Beschädigte Gläser müssen sicher entsorgt werden.

1. Champagnerflöte
2. Martiniglas
3. Coupette

4. Tumbler
5. Highballglas
6. Fizz-Glas
7. Julep-Becher

8. Irish-Coffee-Glas
9. Grogglas
10. Hurricane-Glas

EIS

Für uns ist die wichtigste Zutat in einem Cocktail das Eis. Ohne erstklassiges Eis gibt es keine erstklassigen Cocktails, denn es bestimmt die Temperatur und den Grad der Verdünnung des Drinks. Viele Cocktails werden mit Eis geschüttelt oder gerührt und dann wieder auf frischem Eis serviert, was bedeutet, dass in diesen beiden Phasen Verdünnung stattfinden kann. Eis soll den Drink kühlen, aber die Aromen nicht übermäßig verdünnen.

Wir empfehlen die Verwendung von Eis in Blöcken, doch in jedem Fall sollten Sie das qualitativ beste Eis verwenden, das Sie kriegen können. Eis in den Gläsern im Gefrierfach zu lagern spart Platz wie auch Zeit bei der Zubereitung. Holen Sie es aus dem Gefrierfach, nachdem der Drink geschüttelt oder gerührt, aber noch im Shaker oder Mixbecher ist. Bei richtiger Zubereitung sollte die Temperatur Ihres Drinks unter 0 °C liegen, und wenn Sie ihn schnell fertigstellen, wird er nicht zu stark verdünnt werden.

EISWÜRFEL

Große Eiswürfel sind zum Schütteln ideal. Eisbereiter von Firmen wie Hoshizaki oder Kold Draft stellen mit Würfeln von ca. 2,5 cm Kantenlänge exzellentes Eis für diese Zwecke her.

GESTOSSENES EIS (CRUSHED ICE)

Verwenden Sie Crushed Ice nur für Drinks wie Mojitos oder Swizzles oder um alkoholstarke Cocktails wie den Zombie stärker zu verdünnen. Manche Cocktails werden auch am Ende mit Crushed Ice aufgefüllt, um die Garnitur zu stabilisieren. Deshalb stehen die Minzzweige nämlich immer so perfekt auf dem Mojito. Als Faustregel gilt: Je größer die Eisstücke, desto besser.

EIS IN BLÖCKEN

Mit ihrer Dichte und Klarheit sorgen Eisblöcke für sehr attraktive Cocktails und halten gleichzeitig die Aromen länger frisch. Man kann Eisblöcke vorgeschnitten kaufen, was die Arbeit mit ihnen sehr erleichtert, oder in großen Blöcken, die man selbst zerkleinern muss. Auch dafür gibt es sehr praktische Werkzeuge im Angebot!

Bei Bedarf können Sie aber Eisblöcke auch selbst herstellen. Unser Freund Camper English hat dafür eine großartige Methode entwickelt: Einen isolierten Thermobehälter mit Wasser füllen (oben etwas Platz zur Ausdehnung lassen und den Behälter nicht verschließen) und in den Tiefkühler stellen. Die Isolierung verlangsamt den Gefriervorgang, wodurch der Sauerstoff des Wassers entweichen und das Sediment mit den Mineralien zu Boden sinken kann. Es entsteht ein Eisblock, der zu etwa 75 Prozent klar ist. Die trüben 25 Prozent schneiden Sie einfach ab und verwenden sie nicht.

TECHNIKEN

Beim Mixen von Cocktails ist die richtige Technik sehr wichtig. Je mehr Praxis Sie haben, desto besser werden Ihre Drinks gelingen – »Kaizen« …

JIGGER UND MESSLÖFFEL VERWENDEN

Unserer Ansicht nach ist es für konsistente Ergebnisse wichtig, alle Zutaten richtig abzumessen. Füllen Sie den Jigger immer bis zum richtigen Strich bzw. den jeweiligen Messlöffel bis zum Rand, das ist die beste Voraussetzung für ein gutes Ergebnis.

EINEN ZWEITEILIGEN SHAKER VERWENDEN

Beim Schütteln wird der Drink gemischt und gekühlt sowie auf kontrollierte Weise auch etwas verdünnt. In einem zweiteiligen Shaker geben wir vorzugsweise alle Zutaten in den kleinen und das Eis in den großen Becher. Als Grundsatz gilt, je mehr Eis, desto besser, deshalb füllen Sie so viel Eis wie möglich in den Becher. Als nächstes stülpen Sie den kleinen Becher über den großen, sodass die Zutaten über das Eis laufen, und verschließen den Shaker mit einem festen Klaps. Mit dieser Methode erzielen Sie beim Schütteln ein gleichmäßigeres Ergebnis in Bezug auf die Temperatur, auf das Vermeiden von Zutatenverlusten und auf die Verdünnung.

Verschließen lässt sich ein zweiteiliger Shaker am besten, wenn der kleine auf den großen Becher so aufgesetzt wird, dass beide an einer Seite eine gerade Linie bilden. Die Stelle, an der die Becher zusammentreffen, sollte auf der von Ihnen abgewandten Seite sein, das heißt von oben gesehen auf der 12-Uhr-Position. Der Schlag zum Verschließen geht dann ungefähr auf die 4-Uhr-Position. Dadurch sollte sich der Shaker nach dem Schütteln leicht wieder öffnen lassen.

Beim Schütteln halten Sie die Spitze des kleinen Bechers mit Ihrer starken und den Boden des großen Bechers mit Ihrer schwächeren Hand – so sollten beide fest geschlossen bleiben. Schütteln Sie über die gewünschte Dauer so stark Sie können – umso besser wird das Resultat. Achten Sie darauf, die beiden Enden des Shakers stets von Ihren Gästen und auch von den Flaschen in der Back Bar abzuwenden, für den Fall, dass er Ihnen entgleitet. Das kommt vor und ist wirklich kein Spaß.

Und schließlich noch eine Warnung: Geben Sie nie eine Zutat, die Kohlensäure enthält, in den Shaker!

EINEN DREITEILIGEN SHAKER VERWENDEN

Geben Sie alle Zutaten in den Becher des Shakers, füllen Sie ihn zu zwei Dritteln mit Eis und setzen Sie das Oberteil auf. Warten Sie einen Moment, um den Shaker »atmen« zu lassen, und verschließen Sie ihn dann mit der Verschlusskappe. Nehmen Sie den Shaker in die Hände und halten Sie die Kappe mit einem Daumen fest, aber umschließen Sie den Shaker nicht zu eng – er sollte so wenig Kontakt wie möglich mit Ihren warmen Händen haben, aber trotzdem natürlich sicher gehalten werden. Anschließend schütteln Sie kräftig, nehmen die Kappe ab und gießen den Drink durch das integrierte Sieb ins Glas.

Drinks, die mit frischen Früchten oder Kräutern geschüttelt werden, sind in einem zweiteiligen Shaker besser aufgehoben; in einem dreiteiligen können die Früchte und Kräuter das Barsieb verstopfen.

DRY SHAKE

Die beiden zuvor genannten Techniken nennt man »Wet Shakes« – alle Zutaten werden vor dem Servieren zusammen mit Eis geschüttelt. Ein »Dry Shake« ist ein zusätzlicher Arbeitsgang vorher, der für Drinks mit Eiweiß benötigt wird. Die Zutaten erst ohne Eis zu schütteln erzeugt eine wunderbare Schaumkrone auf dem Drink, die man nur mit einem Wet Shake nicht hinbekommt. Dry Shakes funktionieren aber nur mit einem zweiteiligen Shaker; ein dreiteiliger ist nicht dicht genug, was zu Verschütten und einem unbefriedigenden Ergebnis führen könnte. Manche Leute schwören auf einen »umgekehrten« Dry Shake, bei dem der

Drink mit Eiweiß zunächst mit Eis geschüttelt wird, dann wird das Eis entfernt und erneut geschüttelt. Wir wenden diese Methode nicht an, da der Schaum dabei allzu flockig wird und auch etwas von den Zutaten verloren gehen kann.

Als Alternative können Sie Ihre Zutaten auch erst mit einem Stabmixer verrühren und anschließend mit Eis schütteln. Das geht schnell und kann bei Bedarf den Dry Shake auf effektive Weise ersetzen.

Für einen Dry Shake geben Sie zunächst alle Zutaten außer dem Eiweiß in den kleinen Becher des Shakers; das Eiweiß kommt zum Schluss. Diese Reihenfolge ist wichtig, da die Säure der Zitrusfrüchte das Eiweiß denaturieren kann. Stülpen Sie den kleinen Becher über den großen. Sie erinnern sich, wie wir zuvor auf einer Seite eine gerade Linie haben wollten? Das ist jetzt anders; der kleine Becher kommt direkt mittig auf den großen. Schütteln Sie 10 Sekunden lang senkrecht von oben nach unten. Die vertikale Bewegung sorgt dafür, dass das Eiweiß sich mit den anderen Zutaten verbindet und schön schäumt.

Fertiggestellt wird der Cocktail dann mit einem Wet Shake, also mit Eis. Als Resultat sollte sich eine wunderbar cremige Schaumkrone auf Ihrem Drink gebildet haben.

RÜHREN (STIR)

Beim Rühren geschieht etwas Ähnliches wie beim Schütteln – Mischen, Kühlen und Verdünnen –, aber es kommt weniger Luft in die Flüssigkeit, weshalb ein gerührter Cocktail seidiger ist und ein weicheres Mundgefühl hat. Geben Sie die Zutaten in einen Rührbecher oder ein Rührglas, füllen Sie mit Eis auf und rühren Sie, so schnell es geht, mit dem Barlöffel. Halten Sie den Becher bzw. das Glas möglichst nur am oberen Rand fest, damit wenig Wärme von Ihren Händen übertragen wird. Beim Rühren leisten übrigens die Finger die ganze Arbeit, das Handgelenk sollte sich nicht bewegen. Und je schneller Sie rühren, desto besser.

IM GÄSTEGLAS ZUBEREITEN (BUILD)

Man »baut« einen Cocktail, indem man ihn direkt in dem Glas zubereitet, in dem er auch serviert wird. Mit dieser Methode wird der Drink viel weniger verdünnt und gekühlt, deshalb sollten alle Zutaten im Kühlschrank aufbewahrt werden. Sie gießen sie in das Glas, rühren vorsichtig um, geben das Eis dazu und rühren noch einmal vorsichtig um.

Drinks, die aufgefüllt werden, beispielsweise mit Soda oder Tonic Water, bereitet man auf etwas andere Weise zu. Wir empfehlen, alle Zutaten ins Glas zu geben, vorsichtig umzurühren und dann aufzufüllen. Gießen Sie das Sodawasser möglichst direkt auf den Drink, da auf diese Weise weniger Kohlensäurebläschen aufsteigen und der Drink viel spritziger wird. Heben Sie dann mit dem Barlöffel das Eis dreimal vorsichtig an, damit sich alle Flüssigkeiten gleichmäßig vermischen.

WERFEN (THROW)

Bei dieser recht theatralischen Art des Mixens wird der Inhalt eines Gefäßes in ein anderes umgefüllt, und zwar meist aus großer Höhe. Dadurch wird der Drink belüftet, was viele kleine Bläschen erzeugt und ihm eine wunderbare Textur verleiht. Für Cocktails mit Zitrussaft eignet sich die Methode allerdings weniger, denn sie können dadurch einen faden Geschmack annehmen. Auch zum Herunterkühlen des Cocktails ist sie nicht sonderlich effektiv.

Wir wenden diese Methode nicht allzu häufig an, finden sie aber für einen Bellini gut und nehmen dafür vorzugsweise einen zweiteiligen Shaker. Sie können aber auch zwei große Shaker-Becher verwenden, was für den Anfang wahrscheinlich sogar einfacher ist. Bei einem zweiteiligen Shaker geben Sie die Zutaten in den kleinen Becher, füllen den großen Becher zu zwei Dritteln mit Eis und setzen einen Strainer darauf, um das Eis am Platz zu halten. Das Barsieb sollte den Becher idealerweise sauber über dem Eis abschließen und gleichzeitig die Flüssigkeit möglichst ungehindert durchfließen lassen.

Füllen Sie die Flüssigkeit in den großen Becher um und gießen Sie sie dann zwischen beiden Bechern mehrmals hin und her. Idealerweise halten Sie dabei jeweils den großen Becher hoch über ihren Kopf und den kleinen so tief wie möglich. Die Flüssigkeit sollte sauber, kontrolliert und senkrecht in den kleinen Becher fallen. Zurück in den großen Becher »wirft« man nicht, das würde durch das Barsieb nicht gutgehen. Beginnen Sie beim Werfen mit den beiden Bechern relativ nah zusammen und gehen Sie dann Stück für Stück immer weiter auseinander, sodass der »Wurf« möglichst groß wird.

QUIRLEN (SWIZZLE)

○

Gequirlt wird ein Drink im Gästeglas, also in dem Glas, in dem er auch serviert wird. Das Werkzeug dafür nennt man »Swizzle Stick« – ein Rührstäbchen, das entweder die Bläschen aus einem schäumenden Getränk entfernt oder umgekehrt einen stillen Drink aufschäumt. Ist kein Swizzle Stick zur Hand, tut es auch ein Barlöffel.

Für einen Swizzle Drink gibt man die Zutaten ins Glas und füllt es mit Crushed Ice auf. Dann steckt man den Swizzle Stick oder Barlöffel hinein und dreht ihn zwischen beiden Handflächen, indem man diese gegeneinander reibt. Quirlen Sie etwa 7 Sekunden lang, füllen Sie das Glas anschließend noch einmal mit Crushed Ice auf und servieren Sie den Drink sofort.

ZERSTOSSEN (MUDDLE)

○

Beim Muddling mixt und zerstößt man Kräuter und Früchte oder andere feste Zutaten mit Zucker, um so viel Geschmack wie möglich aus ihnen herauszubekommen. Da die meisten Cocktails, bei denen etwas zerstoßen werden muss, auch geschüttelt werden, geben Sie am besten die Früchte in den kleinen Becher des zweiteiligen Shakers, dessen Boden eine schöne, stabile Basis bietet. Dann fügen Sie Zuckersirup hinzu, halten den Becher gut fest und zerstoßen mit dem Muddler (dem Barstößel) die Früchte, die dadurch ihr Aroma freigeben. Der Zuckersirup hilft dabei, eine Grundflüssigkeit zu bilden und die Aromen aus den Früchten oder Kräutern zu extrahieren.

ABSEIHEN (STRAIN) / DOPPELT ABSEIHEN (FINE-STRAINING)

○

Zum Abseihen aus einem Rührglas oder -becher eignet sich ein kleinerer Hawthorne- oder Julep-Strainer am besten. Fixieren Sie das Barsieb mit dem Zeigefinger, der Rest der Hand hält das Mixgefäß. Das Barsieb sollte in einem 45-Grad-Winkel auf dem Eis liegen. Seihen Sie den Drink so rasch wie möglich ab, um eine zu starke Verdünnung zu vermeiden.

Drinks wie Martinis oder Manhattans sollten immer klar und ruhig aussehen, weshalb man sie am besten behutsam an der Glaswand entlang abseiht. So können keine Luftblasen entstehen. Wird Eis von hoher Qualität verwendet, muss ein gerührter Cocktail nicht noch durch ein feines Barsieb abgeseiht werden – außer Sie möchten auch die winzigen Eisstückchen entfernen, die den Drink womöglich zu stark verdünnen.

Nach dem Schütteln im zweiteiligen Shaker nehmen Sie den kleinen Becher ab, legen einen Hawthorne-Strainer im 45-Grad-Winkel auf das Eis mit der Flüssigkeit im großen Becher und seihen den Drink auf die gleiche Weise ab wie aus dem Rührglas. Die freie Hand kann nun das feine Barsieb halten, das alle Eisstückchen und/oder frische Zutaten aus dem Drink entfernt. Stockt der Durchfluss durch den Fine Strainer, klopfen Sie mit dem Becherrand dagegen, dann sollte es schneller fließen.

Wir empfehlen konisch geformte Fine Strainer, die einen besseren Durchfluss haben und die mit ihrer Spitze die Flüssigkeit gezielt auf einen Punkt lenken können.

Auch bei Verwendung eines dreiteiligen Shakers kann ein feines Barsieb nötig sein, da das integrierte Sieb nicht feiner ist als ein Hawthorne- oder Julep-Strainer.

Dass man Drinks mit Eiweiß und Espresso Martini/Vodka Espressos nicht fein abseihen muss, entspricht einer bestimmten Denkrichtung in der Barszene. Wir jedoch sind der Meinung, dass man bei diesen Drinks durch Fine-Straining eine bessere Textur erzielt.

Alles Eis, das mit frischen Früchten oder anderen frischen Zutaten geschüttelt wird, gehört nach dem Schütteln direkt in den Mülleimer, nicht in die Spüle. Ihr Abflussrohr wird es Ihnen danken.

TIMING

Alle unsere Rezepte sind in Bezug auf Technik und Zubereitungszeiten ziemlich genau. Mit den folgenden Zeitangaben haben Sie eine ganz praktische Faustregel:

Quick Shake – 5 Sekunden

Medium Shake – 7 Sekunden

Long Shake – 10 Sekunden

Quick Stir – 5 Sekunden

Medium Stir – 10 Sekunden

Long Stir – 15 Sekunden

Doch natürlich gibt es beim Mixen von Cocktails einige Variablen, deshalb sollten Sie zusätzlich das Folgende beachten.

Ohne Eis servierte Drinks können etwas länger gerührt/geschüttelt werden, da sie sich anschließend im Glas nicht weiter verdünnen. Dafür werden sie während der Zubereitung stärker gekühlt.

Auf Eis servierte Drinks können etwas weniger gerührt/geschüttelt werden, da sie anschließend noch auf Eis liegen und dadurch etwas stärker verdünnt werden.

Drinks, die beispielsweise mit Soda oder Champagner aufgefüllt werden, sollten sogar noch etwas weniger gerührt/geschüttelt werden, damit all die anderen herrlichen Zutaten ebenfalls zur Geltung kommen.

FLÜSSIGKEITSSPIEGEL (WASH LINE)

Wie hoch die Flüssigkeit im Glas steht ist ein sehr verlässlicher Indikator dafür, ob ein Drink richtig zubereitet wurde. Hat man ihn zu wenig oder zu lange geschüttelt, die Zutaten nicht richtig abgemessen oder sogar eine Zutat vergessen, sieht man das am Flüssigkeitsspiegel.

Bei den meisten Drinks sollte die Flüssigkeit etwas unterhalb des Glasrandes stehen. Der Cocktail sieht dadurch nicht nur besser aus , man kann das Glas auch leichter tragen und den Cocktail leichter trinken. Wurde er aber zu lange geschüttelt, reicht die Flüssigkeit bis zum Glasrand und kann leicht verschüttet werden. Sours und Cocktails mit Sahne dagegen lassen sich problemlos bis zum Rand füllen, da ihre Viskosität die Flüssigkeit im Glas hält.

1.
2.
3.
4.
5.
6.
7.
8.
9.
10.
11.
12.
13.
14.
15.
16.

GARNITUREN

Garnituren sollten immer so frisch wie möglich sein, deshalb empfehlen wir, sie erst kurz vor dem Mixen des Drinks vorzubereiten. Dann stehen sie zur Verfügung, wenn der Cocktail fertig ist, und alles kann frisch serviert werden, ohne dass der Drink zu stark verdünnt wird oder sich seine Temperatur negativ verändert.

Mit Trinkhalmen in Cocktails sind wir grundsätzlich so zurückhaltend wie möglich. Straight up (also ohne Eis) servierte Cocktails brauchen sowieso keinen, aber auch für Drinks mit Blockeis sind Trinkhalme eigentlich überflüssig. Je näher man dem Cocktail beim Trinken kommt, desto mehr kann man Geschmack und Aroma genießen. Wenn wir aber einen Drink mit Trinkhalm servieren, dann vorzugsweise mit einem aus Metall, der wiederverwendet werden kann. Wir platzieren ihn gleich neben die Garnitur, um deren Aromen zur Geltung zu bringen. Beachten Sie auch, dass Trinkhalm und Garnitur immer der Person zugewandt sein sollten, der der Drink serviert wird.

ANANASKEIL

Eine etwa 7 mm dicke Spalte ergibt eine schöne Garnitur. (7)

ANGOSTURA-BITTERS-STREIFEN

Hierfür ziehen Sie mit einer gleitenden Bewegung einen Streifen Bitters über den Sour im Glas. Die Tropfen verleihen dem Drink ein schönes, komplexes Aroma und überdecken den Geruch eines Cocktails mit Eiweiß, der manche Leute stört. (Siehe Pisco Sour, Seite 174)

CRUSTA-GLAS

Feuchten Sie den äußeren oberen Rand einer Champagnerflöte 2 cm breit mit einer frischen Zitronenscheibe an und drehen Sie den angefeuchteten Glasrand Stück für Stück in Zucker, sodass ein breiter Zuckerrand entsteht. Ins Glas selbst kommt ein langes Stück Zitronenschale. (Siehe Brandy Crusta, Seite 72)

GERIEBENE MUSKATNUSS ODER TONKABOHNE

Reiben Sie das Gewürz mit einer feinen Reibe, so verleiht es Ihrem Cocktail ein wunderbares Aroma und eine subtile Geschmacksnote. (16)

HALBE ZITRONEN- ODER ORANGENSCHEIBE

Schneiden Sie die Scheibe etwa 6 mm dick und so, dass die Segmente gut zu sehen sind. Sie dürfen keine Kerne enthalten! (8 & 10)

KAFFEEBOHNEN

Die Zahl Drei scheint eine Glückszahl für Barkeeper zu sein; sie symbolisiert Gesundheit, Wohlstand und Glück. Deshalb geben wir drei Kaffeebohnen in unsere Espresso Martinis. (9)

KANDIERTER INGWER

Stechen Sie zwei Zahnstocher durch ein Stück kandierten Ingwer und stecken Sie ihn damit auf den Glasrand. (3)

KIRSCHEN

Cocktail- oder andere eingelegte Kirschen sollten immer abgespült werden, bevor man sie in den Drink gibt. Sie sind meist in einem zähen Sirup eingelegt, der nicht nur die geschmackliche Balance stören, sondern auch dem Cocktail am Glasboden eine unansehnliche, klebrige Konsistenz verleihen kann. (2)

LIMETTENSCHEIBE

Limettenscheiben werden ebenfalls etwa 6 mm dick geschnitten, aber nicht halbiert. (14)

MINZZWEIG

Achten Sie darauf, dass die Minze frisch und der Stiel so nah wie möglich an den Blättern abgeschnitten ist. (1)

OLIVEN

Wir bevorzugen sizilianische Nocellara-Oliven mit ihrem wunderbaren Geschmack und der buttrigen Textur, die in einem Martini Wunder wirken. (11)

ORANGENSTREIFEN

Man kann sie entweder mit einem speziellen Zestenreißer herstellen oder einfach mit einem scharfen Messer. Wenn Sie ein Messer verwenden, achten Sie darauf, einen möglichst langen, schmalen, eleganten Streifen nur aus dem äußeren Teil der Schale zu schneiden. (5)

SALZRAND

Feuchten Sie den Rand einer Coupette mit einer frischen Limettenspalte an und drehen Sie den angefeuchteten Rand Stück für Stück behutsam in grobem Meersalz. Der Salzrand sollte etwa 3 mm breit sein. Wir verwenden vorzugsweise Meersalzflocken, die wir im Mörser zerstoßen. Ihr Geschmack und ihre Textur sind besser, und weil das Salz lockerer anhaftet, ist es auch viel bekömmlicher. Achten Sie wie beim Zuckerrand darauf, dass kein Salz ins Glas kommt; es würde den Drink geschmacklich aus dem Gleichgewicht bringen.

SELLERIESTANGE

Beide Enden der Selleriestange werden mit einem scharfen Messer sauber abgeschnitten. Sie muss etwas über den Glasrand hinausragen, damit Ihre Gäste sie essen können, ohne sich die Finger schmutzig zu machen. (12)

SPRAY FÜR SOURS UND ESPRESSO MARTINI

Eine tolle Methode, auf Sours und Espresso Martinis eine saubere, glatte Schaumkrone zu erzielen, ist eine Zerstäuberflasche. Füllen Sie sie je nach Basisspirituose mit Wodka oder Gin und besprühen Sie den Cocktail ein paarmal damit. Das befördert die Bläschenbildung auf dem Eiweiß oder Schaum und führt zu einem perfekt aussehenden Sour.

ZITRONEN- ODER ORANGEN-COIN

Damit ist ein rundes Stück – wie eine Münze (coin) – Zitronen- bzw. Orangenschale gemeint, um Cocktails zu garnieren, die straight up, also ohne Eis serviert werden. Solche Drinks verlangen nach feineren Aromen bei der Garnitur. Ein Scheibchen, das auf dem Getränk schwimmt, beeinflusst es geschmacklich nicht und erlaubt dem Gast alle Nuancen des Drinks selbst zu schmecken, etwa einen Martini.
Man kann die aromatischen Öle in der Schale aber auch freisetzen. Dazu hält man die Schale mit Daumen und Zeigefinger über den Drink und drückt sie leicht. Wer genau hinsieht, erkennt, wie die Öle austreten.
Coins schneidet man mit einem scharfen Messer etwa in der Größe einer 50-Eurocent-Münze. (4 & 6)

ZITRONEN- ODER ORANGEN-TWIST

Twist nennt man in der Bartender-Sprache einen langen, geraden Streifen Schale zum Garnieren von Cocktails, die auf Eis serviert werden. Diese Drinks haben eine größere Flüssigkeitsoberfläche und profitieren auch mehr von einer Aromatisierung durch die Garnitur als ein Straight-up-Cocktail.
Lange Twists kann man sehr gut mit einem Sparschäler in Y-Form nach Schweizer Bauart schneiden. Sie sollten immer ein wenig länger sein als der Durchmesser des Glases und gerade noch genug weiße Haut haben, um die Schale in Form zu halten. Zu viel weiße Haut setzt Bitterstoffe frei.
Wir reiben den Glasrand niemals mit Zitrusschale ein, denn dadurch bleibt das ätherische Öl der Schale an den Lippen des Gastes haften und könnte den Geschmack seines nächsten Drinks beeinträchtigen – oder des übernächsten, denn wer hört schon nach einem Cocktail auf? (13 & 15)

ZUCKERRAND

Feuchten Sie den äußeren oberen Rand einer Coupette mit einer frischen Zitronenspalte an und drehen Sie ihn behutsam Stück für Stück in Zucker. Der Zuckerrand sollte etwa 2 mm breit sein. Achten Sie darauf, dass kein Zucker ins Glas kommt; es würde den Drink geschmacklich aus dem Gleichgewicht bringen. Man kann auch statt der Zitrone einen Backpinsel und Zuckersirup verwenden – ein kleiner Trick, den wir erst kürzlich gelernt haben und mit dem ebenfalls ein sehr eleganter Zuckerrand ensteht.

GRUNDREZEPTE

ZITRUSSAFT

Für viele Rezepte in diesem Buch werden frische Zitrussäfte benötigt. Am besten stellt man sie mit einer Zitruspresse her, die auch die Öle aus der Schale extrahiert. Dadurch gerät der Saft viel aromatischer. Frischer Saft oxidiert jedoch rasch; bewahren Sie ihn deshalb luftdicht verpackt im Kühlschrank auf, aber nicht länger als sechs Stunden; danach ist er nicht mehr frisch genug.

Wir empfehlen auch, Limetten- und Zitronensaft gleich nach dem Pressen zu salzen; das hält ihn länger frisch und verbessert zudem seinen Geschmack. Auf 1 Liter frischen Saft kommt 1 Gramm Meersalz. Grapefruit- oder Orangensaft werden dagegen nicht gesalzen. Diese Säfte werden oft in Drinks gemixt, die auch Zitronen- oder Limettensaft enthalten, und dann wären die Drinks zu salzig.

ZUCKERSIRUP

1 kg weißer Zucker
500 ml Wasser

○

Beide Zutaten in einer Schüssel verrühren, bis sich der Zucker aufgelöst hat. In heißem Wasser oder mit einem Schneebesen geht es schneller. Wir bevorzugen ein Mischungsverhältnis von 2:1, also 2 Teile Zucker auf 1 Teil Wasser, um den Wasseranteil und damit eine potenzielle Verdünnung des Drinks gering zu halten.

HONIGSIRUP

3 Teile Honig
1 Teil heißes Wasser

○

Beide Zutaten in einer Schüssel verrühren, bis sich der Honig aufgelöst hat. Abkühlen lassen und im Kühlschrank aufbewahren.

BRAUNER ZUCKERSIRUP

1 kg brauner Zucker
500 ml Wasser

○

Wie Zuckersirup zubereiten (siehe links).

EIWEISS/EIGELB

Eiweiß und Eigelb trennen. Eiweiß bzw. Eigelb jeweils mit einem scharfen Messer »hacken« und in elastischen Dosierflaschen nicht länger als einen Tag im Kühlschrank aufbewahren. Durch das »Hacken« werden Eiweiß bzw. Eigelb flüssiger und können leichter im Barmaß abgemessen werden.

PASSIONSFRUCHT-SIRUP

5 frische Passionsfrüchte
500 g Zucker
250 ml Wasser

○

Mit einem Löffel Fruchtfleisch und Kerne der Passionsfrüchte aus den Schalen lösen, mit dem Zucker vermischen und für 30 Minuten beiseite stellen. Das Wasser dazugießen und umrühren, damit sich die Mischung aus Passionsfrucht und Zucker darin auflöst. 24 Stunden ruhen lassen, dann durch ein feines Sieb streichen. Abfüllen und im Kühlschrank aufbewahren.

GRENADINESIRUP

250 ml Granatapfelsaft
500 g Zucker

○

Beide Zutaten in einer Schüssel verrühren, bis sich der Zucker aufgelöst hat. Abfüllen und im Kühlschrank aufbewahren.

INGWERSIRUP

4 Teile Ingwersaft
3 Teile Zucker

○

Ungeschälten frischen Ingwer mit einem Zentrifugalentsafter entsaften, den Saft mit dem Zucker vermischen und rühren, bis sich der Zucker aufgelöst hat. Abfüllen und im Kühlschrank aufbewahren. Der handelsübliche »alte« Ingwer ist trocken und faserig und etwas aromatischer als »junger« Ingwer, den man manchmal in Asiashops bekommt. Wir bevorzugen die ältere Variante.

TOMATENMIX

500 ml Tomatensaft
400 ml passierte Tomaten

○

Beide Zutaten vermischen, abfüllen und im Kühlschrank aufbewahren.

SAURER ORANGENSAFT

5 g Zitronensäure
250 ml frischer Orangensafte

○

Die Zitronensäure im Orangensaft auflösen, abfüllen und im Kühlschrank aufbewahren.

VANILLESAHNE

250 ml Sahne
5 ml Vanilleessenz

○

Beide Zutaten vermischen, abfüllen und im Kühlschrank aufbewahren. Da Vanilleessenz unterschiedlich intensiv sein kann, sollte die Sahne abgeschmeckt werden.

DEFINITIONEN

Wir nennen in diesem Buch für viele Zutaten bestimmte Marken. Es sind Marken, die wir besonders mögen, und dass wir sie für unsere Drinks verwenden, hat einzig und allein mit unseren persönlichen Vorlieben zu tun. Kriterien waren das Preisniveau, die Verfügbarkeit, die Konsistenz und, am wichtigsten, der Geschmack und die Qualität. Nun ist aber Geschmack eine sehr persönliche Angelegenheit, und vielleicht sind Ihnen andere Marken lieber. Die Unterschiede sind ja sehr subtil, also tauschen Sie aus, was Sie für richtig halten. Auch unsere Kollegen haben in ihren Gastbeiträgen ihre Spirituosenauswahl selbst getroffen, und wir verlassen uns auf ihr Urteil.

ABSINTH

Hochprozentige Spirituose aus Wermutkraut, Anis, Fenchel und anderen Medizinkräutern. Wird manchmal auch »Grüne Fee« genannt.

Pernod Absinthe, La Fee Parisienne, Jade 1901, Vieux Pontarlier

AMARETTO

Likör mit Mandelgeschmack aus Saronno, Italien.

Luxardo Amaretto di Saschira, Saliza Amaretto

ANGOSTURA BITTERS

Unverzichtbar für jede Bar. Wird aus Enzianwurzel, Kräutern und Gewürzen hergestellt und hat einen komplexen und – logisch – bitteren Geschmack. Hersteller ist das House of Angostura in Trinidad und Tobago.

APEROL

Italienischer Aperitif aus Enzianwurzel, Rhabarber und Orange sowie weiteren Zutaten. Ist es schon Zeit für einen Aperol Spritz?

APPLEJACK

Apfelbrandy aus den USA.

Laird's Applejack

APRICOT BRANDY

Süßer Likör mit Aprikosenaroma auf Weinbrandbasis.

Merlet Lune d'Abricot

BÉNÉDICTINE D.O.M

Französischer Likör, aromatisiert mit zahlreichen Kräutern und Gewürzen.

BOURBON

Fassgereifter amerikanische Whiskey, der hauptsächlich aus Mais gebrannt wird, dazu kommen Anteile von Weizen, Roggen und Gerste.

*Woodford Reserve, Elijah Craig 12, Four Roses Single Barrel, Bulleit, Michter's US*1 Bourbon, Maker's Mark, Basil Hayden's*

CACHAÇA

Aus Zuckerrohrsaft gebrannte Spirituose, vor allem im Brasilien hergestellt und konsumiert.

Yaguara, Abelha

CALVADOS

Französischer Apfelbrand aus der Normandie.

Christian Drouin Selection Coeur de Lion, Dupont

CAMPARI

Bitterer, dunkelroter italienischer Aperitif aus Früchten, Kräutern und Pflanzenzusätzen. Unverzichtbar für Cocktails wie Negroni und Boulevardier.

CHAMPAGNER

Schaumwein aus dem Weinbaugebiet Champagne in Frankreich.

Perrier-Jouët Grand Brut NV, Charles Heidsieck Brut Reserve, Ruinart Blanc de Blancs, Pol Roger Brut Réserve NV

CHARTREUSE (GRÜN)

Französischer Kräuterlikör, ursprünglich hergestellt von Kartäusermönchen nach einem in einem Manuskript von 1605 niedergeschriebenen Rezept. Enthält 130 verschiedene Kräuter und andere Pflanzenzusätze.

CHERRY HEERING

In Dänemark nach einem Rezept von 1818 hergestellter Kirschlikör.

COCCHI AMERICANO

Italienischer Aperitifwein, enthält neben anderen Pflanzenzusätzen Chinin.

COGNAC

Französischer Weinbrand aus der Region Cognac.

Hennessy V.S.O.P, Martell V.S.O.P, Pierre Ferrand 1840, Pierre Ferrand Ambre, Hine Rare V.S.O.P, D'USSÉ V.S.O.P, Remy Martin V.S.O.P

COINTREAU

Orangenlikör aus Frankreich.

CRÈME DE BANANE

Likör mit Bananengeschmack.

Giffard Crème Banane

CRÈME DE CACAO

Likör auf Kakaobasis. Gibt es in weiß oder braun.

Bols Crème de Cacao White, Bols Crème de Cacao Brown, Giffard Crème de Cacao

CRÈME DE CASSIS

Likör aus Schwarzen Johannisbeeren, ohne den ein Kir oder Kir Royal nicht vorstellbar wäre.

Merlet Crème de Cassis

CRÈME DE MENTHE

Likör mit Minzgeschmack. Gibt es in weiß oder grün.

Briottet Menthe Blanche, Briottet Menthe Verte

CRÈME DE MÛRE

Fruchtlikör aus Brombeeren.

Merlet Crème de Mûre Sauvage

CRÈME DE PAMPLEMOUSSE

Likör auf Grapefruitbasis.

Briottet Pamplemousse Rose

CRÈME DE PÊCHE

Likör mit Pfirsichgeschmack.

Merlet Crème de Pêche

CRÈME DE VIOLETTE

Floraler, veilchenfarbener Likör mit dem Aroma von … Veilchen.

The Bitter Truth Violet Liqueur

CURAÇAO

Likör aus der getrockneten Schale der Laraha-Pomeranze, einer auf der Karibikinsel Curaçao wachsenden Zitrusfrucht.

Pierre Ferrand Dry Curaçao

DRAMBUIE

Goldfarbener schottischer Whiskylikör mit Honig, Kräutern und Gewürzen.

DUBONNET

Marke eines aromatisierten Süßweins – ein Aperitif.

FALERNUM

Karibischer Siruplikör, aromatisiert mit Limette und diversen Gewürzen. Unverzichtbar für viele Tiki-Drinks.

FERNET BRANCA

Marke eines Amaro, d.h. einer aromatischen Bitterspirituose, hergestellt aus einer Vielzahl verschiedener Kräuter und Wurzeln; beliebter italienischer Digestif.

FINO SHERRY

Trockner und komplexer Sherry aus Spanien.

Tío Pepe

GALLIANO L'AUTENTICO

Süßer Kräuterlikör auf Vanillebasis aus Italien.

GIN

Spirituose, die mit Wacholder und vielen anderen Pflanzenzusätzen aromatisiert wird. Gin ist eine enorm schnell wachsende Spirituosenkategorie mit vielen verschiedenen Stilen.

Tanqueray, Tanqueray No. Ten, Cotswolds, Monkey 47, Chase GB, Bombay Sapphire, Star of Bombay, No.3, Beefeater, Beefeater 24, Portobello Road, Plymouth, Sipsmith, Fords, Gin Mare, Old Young's 1829, Ki No Bi, Jensen's Old Tom, Citadelle Original, Hepple, Hendrick's

---

GINGER ALE & GINGER BEER

Mit Ingwer aromatisierte nichtalkoholische Getränke; Ginger Ale ist tendenziell etwas milder und weniger würzig.

Schweppes Ginger Ale

GRAND MARNIER CORDON ROUGE

Orangenlikör auf Weinbrandbasis aus Frankreich.

IRISH WHISKEY

In Irland hergestellter Whiskey. Kann auf gemälzter oder ungemälzter Gerste oder beidem beruhen. Meist dreifach destilliert.

Jameson, Redbreast 12

KAFFEELIKÖR

Likör auf der Basis von, ganz richtig, Kaffee.

Mr. Black Cold Brew Coffee Liqueur

LILLET BLANC

Goldfarbener, mit Chinin und anderen Pflanzenzusätzen aromatisierter Wein. In Frankreich ein beliebter Aperitif.

MADEIRA

Gespriteter Wein von der portugiesischen Insel Madeira.

MARASCHINO

Likör aus Maraska-Kirschen.

Luxardo Maraschino Originale

MASTIHA

Mit dem Harz des im Mittelmeerraum verbreiteten Mastixbaumes hergestellter Likör; das Aroma erinnert an Pinien oder Zedern.

Skinos Mastiha

MEZCAL

Aus wilden Agaven gebrannte mexikanische Spirituose. Meist recht rauchiger Charakter.

Del Maguey Vida, Del Maguey Chichicapa, Montelobos Joven

OLOROSO SHERRY

Sherrystil aus Spanien, recht nussig und mit Noten von Trockenfrüchten.

González Byass

ORANGE BITTERS

Gruppe von Bitters, deren bitterer Geschmack von Orangenschalen herrührt, kombiniert mit anderen Gewürzen wie Kardamom, Kümmel und Koriander.

Regans' Orange Bitters No.6

PALO CORTADO

Delikat-aromatischer Sherrystil aus Spanien.

González Byass

PEDRO XIMÉNEZ

Sehr süßer, sirupartiger dunkler Sherrystil aus Spanien.

González Byass

PEYCHAUD'S BITTERS

Dieser von Antoine Amédée Peychaud kreierte Bitter auf Enzianbasis, kombiniert mit Anis und Minze, ist absolut notwendig für den Sazerac-Cocktail.

PICON AMER

Bittersüßer französischer Aperitif mit Orangenaroma.

PIMM'S NO.1 CUP

Fruchtiges englisches Mixgetränk auf der Basis von Gin.

PISCO

Aus Chile und Peru stammender Weinbrand.

La Caravedo

PORTWEIN

Süßer gespriteter Wein aus Portugal.

Dow's

RHUM AGRICOLE

Der französische Begriff für Rum, der aus Zuckerrohrsaft statt Melasse destilliert wird. Stammt von den französischen Karibikinseln.

Trois Rivières VSOP, Trois Rivières Blanc

RUM

Aus Nebenprodukten der Zuckerherstellung wie Melasse oder Zuckerrohrsaft gebrannte Spirituose.

Mount Gay XO, Havana Club Seleccion De Maestros, Havana Club Especial, Havana Club 3, Diplomatico Exclusiva Reserva, Bacardi Ron Superior Heritage, Bacardi 8, Bacardi Carta Blanca, Bacardi Añejo Cuatro, Gosling's Black Seal, Gosling's Black Seal 151, Appleton Estate Reserve 8 Year Old, Plantation 3 Stars, Myers's, El Dorado 12, Appleton Estate V/X, Banks 7 Golden Age, Caña Brava, The Duppy Share

RYE

Hauptsächlich aus Roggen gebrannter Whiskey.

*Sazerac Straight Rye, Lot 40, Woodford Reserve Rye, Michter's US*1 Straight Rye*

SCOTCH

In Schottland hergestellter Malt oder Grain Whisky.

Chivas Regal 12, Auchentoshan Three Wood, Monkey Shoulder, Dewar's 12, The Macallan 12 Year Old Double Cask, Lagavulin 16, Johnnie Walker Black Label, T he Balvenie DoubleWood 12, Glenfiddich 12

SLOE GIN

Likör, für den Schlehen in Gin eingelegt werden.

Monkey 47 Sloe Gin, Plymouth Sloe Gin

SODAWASSER

Mit Kohlensäure versetztes Wasser.

Schweppes Soda Water

SUZE

Französische Marke für einen Aperitif auf Enzianbasis.

TEQUILA

Ausschließlich aus der blauen Agave und vorwiegend in der Region um die Stadt Tequila gebrannte mexikanische Spirituose.

Tapatio Blanco, Herradura Plata Blanco, Ocho Blanco, Ocho Reposado, Partida Reposado, Olmeca Altos Reposado, Olmeca Altos Blanco, L&J Blanco

---

TONIC WATER

Leicht mit Chinin aromatisiertes Sodawasser.

Schweppes Indian Tonic Water

VERMOUTH (ROSATO)

Liegt im Geschmacksprofil zwischen trockenem und süßem Vermouth.

Martini Rosato

VERMOUTH (SÜSS)

Mit einer Vielzahl von Pflanzenzusätzen aromatisierter Süßwein; Wermutkraut muss enthalten sein.

Asterley Bros. Estate English Vermouth, Cocchi Storico Vermouth di Torino, Punt e Mes, Martini Rosso

---

VERMOUTH (TROCKEN)

Gespriteter (mit Branntwein verstärkter) und mit einer Vielzahl von Pflanzenzusätzen aromatisierter Weißwein, darunter Nelken, Zimt, Chinin, Zitrusschalen, Kardamom, Majoran, Kamille, Koriander, Wacholder, Ysop und Ingwer.

Noilly Prat Original

WODKA

Klare Spirituose mit sehr fein nuancierten Geschmacksnoten und Aromen. Traditionell aus Getreide oder Kartoffeln gebrannt, kann heutzutage aber auch auf Früchten oder Zuckernebenprodukten beruhen.

Belvedere, Absolut Citron, Absolut Elyx, Absolut Orginal, Grey Goose, Grey Goose Citron, Potocki, Reyka, Ketel One

GLOSSAR

AGAVENDICKSAFT	Süßungsmittel aus der Agavenpflanze.
AMARO	Wörtlich »Bitterer«; italienischer Likörstil, aromatisiert mit Kräutern und Pflanzenzusätzen.
APERITIF	Getränk, das appetitanregend wirken soll.
COCO LÓPEZ	Marke einer Cream of Coconut: eingedickte und gesüßte Creme, hergestellt aus Kokosnussfruchtfleisch. In Dosen erhältlich.
CORDIAL	Eine Art Sirup mit Säuregehalt; am bekanntesten ist Lime Juice Cordial.
DIGESTIF	Getränk, das verdauungsfördernd wirken soll.
DRY SHAKE	Schütteln eines Cocktails ohne Eis, um Eiweiß, Eigelb oder Milchprodukte zu integrieren.
FLOATEN	Vorsichtiges Einfließenlassen einer flüssigen Zutat, die sich nicht mit dem Rest des Drinks vermischen soll.
FREEPOURING	Freies Eingießen, ohne die Menge in einem Barmaß abzumessen.
GARNITUR	Das dekorative Tüpfelchen auf dem i eines Cocktails.
NAKED	Ohne Garnitur serviert.
OLEO SACCHARUM	»Ölzucker« – Eine Kombination aus Öl und Zucker, typischerweise eine Art Sirup.
ON THE ROCKS	Auf Eis serviert.
ORANGENBLÜTEN-WASSER	Aromatisiertes Wasser, Zutat zum Ramos Gin Fizz (Seite 178).
ORGEAT	Sirup mit dem Aroma von Mandeln und Orangenblütenwasser.
PREMIX	Gebrauchsfertige Zutatenmischung.
SORBET	Gefrorenes und gesüßtes Produkt auf Wasserbasis.
STRAIGHT UP	Ohne Eis im Cocktailglas serviert.
TONKABOHNE	Aromatisches Gewürz aus Mittel- und Südamerika.
WET SHAKE	Schütteln eines Cocktails mit Eis. Wird oft – je nach Rezept – nach einen Dry Shake ausgeführt.
ZITRONENSÄURE	Aus Zitrusfrüchten gewonnene Säure.

DIE DRINKS

ADONIS

Dieser Klassiker der amerikanischen Cocktailkultur wurde Mitte der 1880er-Jahre zu Ehren des gleichnamigen Broadway-Musicals erfunden – das erste Musical übrigens, das über 500 Vorstellungen lang lief.

Wir verfeinern den Adonis mit etwas Zuckersirup, weil Zucker ein ausgezeichneter Geschmacksträger ist und hier den relativ feinen Geschmack von Sherry und Vermouth hervorhebt. In traditionellen Versionen des Drinks findet man diese Extrasüße nicht, aber wir mögen es, wie sie die Aromen unterstreicht. Außerdem ziehen wir Oloroso Sherry dem sonst üblicheren Fino vor. Seine süße Komplexität wertet den Cocktail enorm auf und harmoniert hervorragend mit den anderen Zutaten.

30 ml Oloroso Sherry – González Byass
30 ml süßer Vermouth – Asterley Bros. Estate English Vermouth
1,25 ml (2 Dashes) Orange Bitters – Regans' Orange Bitters No. 6
2,5 ml (4 Dashes) Zuckersirup

Glas: Coupette
Eis: Wird ohne Eis serviert
Garnitur: Orangen-Coin
Zubereitung: Long Stir

○

Alle Zutaten in ein Rührglas mit Eis geben und umrühren.
In eine Coupette abseihen, mit einem Orangen-Coin garnieren und servieren.

Tipp: Eine Alternative in einem ähnlichen Stil ist der Bamboo – 30 ml Fino Sherry, 30 ml trockener Vermouth, 2 Dashes Orange Bitters, 1 Dash Angostura Bitters, 2,5 ml (4 Dashes) Zuckersirup und garniert mit einem Zitronen-Coin.

AIRMAIL

Das Rezept dieses sehr eleganten Drinks wurde erstmals 1949 im *Esquire Magazine's Handbook for Hosts* abgedruckt. Wir servieren ihn lieber in einer Champagnerflöte als in einem Highballglas, um seine Eleganz zu betonen, aber auch, damit er schön spritzig bleibt.

Wie alle Cocktails, die mit Champagner aufgefüllt werden, sollte auch dieser nur kurz geschüttelt werden. So wird er lediglich schwach verdünnt und bleibt intensiv im Geschmack.

30 ml gereifter Rum – Havana Club Especial
15 ml Limettensaft
15 ml Honigsirup
Mit Champagner auffüllen – Perrier-Jouët Grand Brut NV

Glas: Champagnerflöte
Eis: Wird ohne Eis serviert
Garnitur: Ohne
Zubereitung: Quick Shake, mit Champagner auffüllen

○

Rum, Limettensaft und Honigsirup in einen Shaker mit Eis geben. Schütteln, dann in eine Champagnerflöte abseihen. Mit Champagner auffüllen, vorsichtig umrühren und servieren.

AMARETTO SOUR

Wie bei vielen Cocktails liegen die genauen Umstände der Entstehung des Amaretto Sour im Dunkeln. Doch er ist nun schon eine ganze Zeitlang ein Klassiker, der mit seinen süß-sauren Noten zweifellos zu den raffinierteren Cocktails zählt.

Wir verwenden nur wenig Zucker, da Amaretto selbst schon ziemlich süß ist – für die Balance der Aromen ist nur ein kleines bisschen nötig. Wie andere Sours auch servieren wir ihn am liebsten in einer Coupette und garnieren ihn mit einem Streifen Bitters, der den leichten Geruch von Eiweiß überdeckt und selbst ein schönes, komplexes Aroma mit einbringt. Und wir servieren ihn vorzugsweise straight up, damit der Drink nicht zu stark verdünnt wird und intensiver schmeckt.

50 ml Amaretto – Luxardo Amaretto di Saschira
25 ml Zitronensaft
25 ml Eiweiß
5 ml Zuckersirup

Glas: Coupette
Eis: Wird ohne Eis serviert
Zubereitung: Dry Shake und Long Wet Shake
Garnitur: Angostura-Bitters-Streifen

○

Alle Zutaten in einen Shaker füllen und einen Dry Shake durchführen, gefolgt von einem Wet Shake (siehe Seite 22).

In eine gekühlte Coupette abseihen, mit einem Bitters-Streifen garnieren und servieren.

AMERICANO

Hervorgegangen aus dem berühmten Milano-Torino, einem Cocktail aus Campari und süßem Vermouth, erfunden im Mailänder Caffè Camparino in den 1860ern (siehe Seite 144), war der Americano eine Adaption für amerikanische Touristen, die etwas mehr Soda in ihren Drinks bevorzugten. Wir finden auch, dass Soda für eine schöne, prickelnde Textur sorgt; es sollte aber nicht zu viel sein, damit der kräftige Geschmack der anderen Zutaten erhalten bliebt. Einen Orangen-Coin (siehe Seite 29) darüber auszudrücken verleiht dem Cocktail zusätzliches Aroma, ebenso wie die halbe Orangenscheibe als Garnitur.

Das Auffüllen mit Soda klappt am besten, wenn man den Drink langsam eingießt und dann den Eiswürfel sehr behutsam mit dem Barlöffel anhebt. Das vermischt die Flüssigkeiten mit ihrer unterschiedlichen Dichte, ohne dass sie zu stark aufschäumen.

50 ml Campari
50 ml süßer Vermouth – Cocchi Storico Vermouth di Torino
Mit Soda auffüllen – Schweppes Soda

Glas: Highballglas
Eis: Blockeis
Garnitur: Halbe Orangenscheibe und Orangen-Coin (nur zum Ausdrücken)
Zubereitung: Im Gästeglas zubereiten, mit Soda auffüllen

○

Campari und süßen Vermouth in ein gekühltes Highballglas mit Eis geben. Mit ein wenig Soda auffüllen, dann vorsichtig umrühren. Eine halbe Orangenscheibe hineingeben und einen Orangen-Coin leicht darüber ausdrücken. Servieren.

Tipp: Wenn Sie nicht mit Soda, sondern mit Prosecco auffüllen, entsteht ein Negroni Sbagliato.

APEROL SPRITZ

Vorläufer dieses Drinks war der Spritz Veneziano, eine Mischung aus Wein, Bitterlikör und sprudelndem Mineralwasser, der Anfang des 20. Jahrhunderts – als Getränke mit Kohlensäure aufkamen – sehr beliebt war. Vom Typ her ähnelt der Aperol Spritz dem Americano. Manche mögen sich fragen, warum wir kein Soda dazugeben, aber wir finden, dass der Prosecco durch sein Perlen schon genug Spritzigkeit mitbringt und Soda den Drink eher verwässern würde, als ihm etwas zu geben.

Wir servieren ihn auch lieber im Tumbler, denn wenn man Eis in ein Stielglas gibt, läuft das Kondenswasser außen bis zum Fuß hinunter und tropft auf die Person, die den Cocktail trinkt.

50 ml Aperol
100 ml Prosecco

Glas: Tumbler
Eis: Blockeis
Garnitur: Halbe Orangenscheibe und Orangen-Coin (nur zum Ausdrücken)
Zubereitung: Im Gästeglas zubereiten

○

Beide Zutaten in einen gekühlten Tumbler mit Eis geben und vorsichtig umrühren. Eine halbe Orangenscheibe hineingeben und einen Orangen-Coin leicht darüber ausdrücken. Servieren.

ARMY & NAVY

Das Rezept für einen Cocktail namens Army & Navy erschien gedruckt erstmals 1948 in David Emburys *The Fine Art of Mixing Drinks*, einem der herausragenden Standardwerke der Cocktailliteratur.

Der Orgeat der Firma Small Hands ist ein grandioser, handwerklich hergestellter Sirup aus Mandeln und Aprikosenkernen mit dem feinen Aroma von Marzipan und floralen Zitrusnoten. Er enthält deutlich weniger Zucker als andere Sirups, deshalb verwendet man relativ viel davon für diesen Cocktail. Orgeat sollte auf dem Drink eine hübsche Schaumschicht erzeugen; erliegen Sie also nicht der Versuchung, die Zitronenschale mit hineinzugeben – sie würde den ganzen schönen Schaum auflösen und die Präsentation ruinieren.

50 ml Gin – Tanqueray Gin
25 ml Zitronensaft
20 ml Orgeat – Small Hands Orgeat

Glas: Coupette
Eis: Wird ohne Eis serviert
Garnitur: Zitronen-Coin (nur zum Ausdrücken)
Zubereitung: Long Shake

○

Alle Zutaten in einen Shaker mit Eis füllen und schütteln.

In eine gekühlte Coupette abseihen, einen Zitronen-Coin leicht darüber ausdrücken und servieren.

AVIATION

Dieses Rezept wurde 1916 in Hugo R. Ensslins *Recipes for Mixed Drinks* zum ersten Mal veröffentlicht, und viele glauben, dass es aus der Zeit stammt, als er Head Bartender im Hotel Wallick in New York war. Im Prinzip handelt es sich um einen Gin Sour mit einigen zusätzlichen Aromaschichten.

Bei Cocktails, die mit einer Kirsche garniert werden, sollte die Kirsche immer zuvor abgespült werden. Maraschino-Kirschen sind in einem dicken Sirup eingelegt, der die Ausgewogenheit und das Aussehen des Drinks beeinträchtigen würde, wenn man ihn nicht entfernt. Unsere bevorzugte Marke ist Luxardo; diese Kirschen enthalten ausschließlich natürliche Zutaten, keine Konservierungs- oder Verdickungsmittel.

35 ml Gin – **Cotswolds Dry Gin**
25 ml Zitronensaft
7,5 ml Crème de Violette – **The Bitter Truth Violet Liqueur**
7,5 ml Maraschino – **Luxardo Maraschino**
7,5 ml Zuckersirup

Glas: Coupette
Eis: Wird ohne Eis serviert
Garnitur: Abgespülte Maraschino-Kirsche
Zubereitung: Long Shake

○

Alle Zutaten in einen Shaker mit Eis füllen und schütteln.
In eine gekühlte Coupette abseihen, mit einer Kirsche garnieren und servieren.

THE BEE'S KNEES

Dieser köstlich klare und elegante Cocktail stammt vermutlich aus der Prohibitionszeit in den USA (1920–1933). Da er so einfach zu mixen ist, können Sie die Balance aus Süße und Zitrussäure nach Ihrem Geschmack anpassen.

Der mittlerweile verstorbene große Gastronom Sasha Petraske schätzte den Bee's Knees, und er kreierte eine köstliche Variante, indem er einfach den Zitronen- durch Limettensaft ersetzte – er nannte ihn The Business. Die derzeitige Renaissance der Cocktails ist in vielerlei Hinsicht auch auf Sasha zurückzuführen. Er ist immer noch eine ergiebige Quelle der Inspiration für uns und Tausende andere Bartender in der ganzen Welt. Die Cocktailszene wäre eine andere, hätte es ihn nicht gegeben.

50 ml Gin – Monkey 47 Dry Gin
25 ml Zitronensaft
15 ml Honigsirup

Glas: Coupette
Eis: Wird ohne Eis serviert
Garnitur: Ohne
Zubereitung: Long Shake

○

Alle Zutaten in einen Shaker mit Eis füllen und schütteln. In eine gekühlte Coupette abseihen und servieren.

BELLINI

Der Bellini ist schlicht ein Geniestreich – ein Glas Prosecco, aromatisiert mit köstlich süßen italienischen Pfirsichen. Giuseppe Cipriani erfand den pinken Drink 1945 in Harry's Bar in Venedig und nannte ihn nach dem italienischen Renaissancemaler Giovanni Bellini, angeblich weil dieser in seinen Bildern vorwiegend Rosa verwendete.

Harry's ist eine legendäre Bar am Markusplatz. Falls Sie eine Venedigreise planen, versuchen Sie, zwischen Mai und September zu fahren, denn dann haben die legendären weißen Pfirsiche Saison.

Wir »werfen« unsere Bellinis mit Vorliebe, eine Technik zum Kühlen und Mixen des Drinks (siehe Seite 24), denn wir finden, dass die leichte Verdünnung und die Belüftung, die dabei stattfindet, den Cocktail geschmacklich öffnet und viel geschmeidiger macht. Auch das Perlen des Proseccos wird durch das Werfen abgeschwächt, was ein seidigeres Mundgefühl erzeugt – als würde man Samt trinken. Haben frische weiße Pfirsiche gerade Saison, ist dieser Bellini wahrscheinlich Welten von dem entfernt, was Sie letztens beim Brunch serviert bekommen haben.

50 ml weißes Pfirsichpüree
100 ml Prosecco

Glas: Fizz-Glas
Eis: Wird ohne Eis serviert
Garnitur: Ohne
Zubereitung: Werfen

○

Alle Zutaten in den großen Becher eines zweiteiligen Shakers geben und Eis hinzufügen. Dreimal in den kleinen Becher »werfen«, dann in ein gekühltes Fizz-Glas abseihen und servieren.

BETWEEN THE SHEETS

Viele schreiben diesen Cocktail Harry MacElhone zu, in der Zeit, als er in den 1930er-Jahren in Harry's New York Bar in Paris arbeitete. Andere behaupten, dass der Drink schon in den 1920ern im Berkeley Hotel erfunden wurde oder sogar in französischen Bordellen, wo er den Prostituierten als Aperitif serviert wurde. Einig kann man sich aber darüber sein, dass er ein Abkömmling des Sidecar ist, für den Rum und etwas weniger Cognac verwendet wird.

Es gibt viele Rezepte für diesen Drink – manche geschüttelt, manche gerührt. Dies ist unser Favorit, da er unserer Meinung nach geschmacklich am ausgewogensten ist – komplex und erfrischend.

20 ml gereifter Rum – Mount Gay XO
20 ml Cognac – Rémy Martin VSOP
10 ml Triple Sec – Cointreau
25 ml Zitronensaft
10 ml Zuckersirup

Glas: Coupette
Eis: Wird ohne Eis serviert
Garnitur: Zitronen-Coin (nur zum Ausdrücken)
Zubereitung: Long Shake

○

Alle Zutaten in einen Shaker mit Eis füllen und schütteln.

In eine gekühlte Coupette abseihen, einen Zitronen-Coin leicht darüber ausdrücken und servieren.

BLACK RUSSIAN

Der Legende nach wurde der Black Russian von Gustave Tops 1949 im Hotel Metropole in Brüssel kreiert. Er war ein Tribut an Perle Mesta, damals Botschafter der Vereinigten Staaten in Luxemburg, doch der Name rührt daher, dass der verwendete Kaffeelikör schwarz und der Wodka russisch war.

Manche mischen auch gern ein wenig Coca-Cola in diesen Drink – wir favorisieren ihn ohne, also in der ursprünglichen Form, doch wenn es gewünscht wird, sträuben wir uns natürlich nicht. Geben Sie also, wenn Sie wollen, 50 ml Coca-Cola dazu und sorgen Sie dafür, dass alle Zutaten gut miteinander vermischt sind.

35 ml Wodka – **Reyka**
20 ml Kaffeelikör – **Mr. Black Cold Brew Coffee Liqueur**

Glas: Tumbler
Eis: Blockeis
Garnitur: Ohne
Zubereitung: Quick Stir

○

Alle Zutaten in ein Rührglas mit Eis geben und umrühren.
In einen gekühlten Tumbler abseihen und servieren.

BLOOD & SAND

Es sind die Farben dieses Cocktails – Kirschlikör für rotes Blut und Orangensaft für gelben Sand –, die ihn mit dem Stierkampffilm von 1922 (mit Rudolph Valentino in der Hauptrolle) in Verbindung bringen und dessen Namen er trägt. Wer den Cocktail erfunden hat, ist nicht bekannt, doch wurde er in das 1930 veröffentlichte *The Savoy Cocktail Book* aufgenommen und ist seitdem ein Klassiker an der Bar geblieben.

Traditionell ist dieser Drink aus gleichen Teilen zusammengesetzt, doch wir finden, dass er ein bisschen mehr Pep vertragen kann. Deshalb verwenden wir einen mit Zitronensäure versetzten Orangensaft, der die Aromen besser ins Gleichgewicht bringt.

25 ml Scotch – Glenfiddich 12
25 ml Cherry Brandy – Cherry Heering Liqueur
25 ml süßer Vermouth – Cocchi Storico Vermouth di Torino
25 ml saurer Orangensaft (siehe Seite 33)

Glas: Coupette
Eis: Wird ohne Eis serviert
Garnitur: Orangen-Twist (nur zum Ausdrücken)
Zubereitung: Long Shake

○

Alle Zutaten in einen Shaker mit Eis geben und schütteln.
In eine gekühlte Coupette abseihen, einen Orangen-Twist leicht darüber ausdrücken und servieren.

BLOODY MARY

Viele nehmen für sich in Anspruch, Schöpfer der Bloody Mary zu sein. Am plausibelsten ist wohl, dass es Fernand Petiot Anfang der 1920er-Jahre in der Pariser New York Bar war, die bald darauf zur legendären Harry's New York Bar wurde. Und ob er die ikonische Kombination von Wodka und Tomatensaft tatsächlich erfand oder nicht, auf jeden Fall beanspruchte er später die Urheberschaft für all die Extras – Salz, Zitronensaft, schwarzer Pfeffer, Cayennepfeffer und Worcestershire Sauce –, die ja die Bloody Mary ausmachen, wie wir sie heute kennen und lieben.

Wir sind große Fans von Bloody Marys, aber nicht immer glücklich über die Textur des Tomatensafts, weswegen wir passierte Tomaten mit Tomatensaft mixen. Das sorgt für eine dickere Textur und einen intensiveren Geschmack. So ist die Bloody Mary perfekt.

50 ml Wodka – Belvedere
80 ml Tomatenmix (siehe Seite 33)
10 ml Zitronensaft
1 Prise Selleriesalz
1 Prise frisch gemahlener schwarzer Pfeffer
15 ml Worcestershire Sauce – Lea & Perrins
3 Dashes Chilisauce – Tabasco

Glas: Highballglas
Eis: Blockeis
Garnitur: Selleriestange
Zubereitung: Im Gästeglas zubereiten

○

Alle Zutaten in ein gekühltes Highballglas geben, umrühren, Eis hinzufügen, mit einer Selleriestange garnieren und servieren.

BOBBY BURNS

Harry Cradock nennt den Bobby Burns in seinem *The Savoy Cocktail Book* von 1930 »einen der besten Whisky-Cocktails«.

Unserer Meinung nach braucht der Drink auch eine leicht bittere Note, weshalb wir ihm einen Spritzer Angostura zufügen – doch nur wenig, um nicht die herrlichen Noten des Bénédictine-Likörs zu überdecken.

50 ml Scotch – **The Balvenie DoubleWood 12**
20 ml süßer Vermouth – **Cocchi Storico Vermouoth di Torino**
5 ml Bénédictine D.O.M. Likör
1 Dash Angostura Bitters

Glas: Coupette
Eis: Wird ohne Eis serviert
Garnitur: Zitonen-Coin
Zubereitung: Long Stir

○

Alle Zutaten in ein Rührglas mit Eis geben und umrühren.
In eine gekühlte Coupette abseihen, mit einem Zitronen-Coin garnieren und servieren.

JOE SCHOFIELD

-

WILLIAM WALLACE

50 ml Scotch – Chivas Regal 12
10 ml Pedro Ximénez – González Byass
10 ml süßer Vermouth – Asterley Bros. Estate English Vermouth
2,5 ml (4 Dashes) Orange Bitters – Regans' Orange Bitters No. 6

Glas: Coupette
Eis: Wird ohne Eis serviert
Garnitur: Orangen-Coin
Zubereitung: Long Stir

○

Alle Zutaten in ein Rührglas mit Eis geben und umrühren.
In eine gekühlte Coupette abseihen, mit einem Orangen-Coin garnieren und servieren.

BOULEVARDIER

Diese wunderbare Negroni-Variante ist eine weitere fabelhafte Kreation von Harry MacElhone aus Harry's New York Bar in Paris. Er mixte ihn für einen anderen Expat, Erskinne Gwynne, der damals eine Monatszeitschrift namens *The Boulevardier* herausgab. Daher stammt der Name.

Unsere Version verwendet etwas mehr von der führenden Spirituose, sprich Bourbon, der sich schließlich gegen den Campari und den süßen Vermouth durchsetzen muss.

40 ml Bourbon – Basil Hayden's Kentucky Straight Bourbon
20 ml süßer Vermouth – Martini Rosso
20 ml Campari

Glas: Tumbler
Eis: Blockeis
Garnitur: Langer Streifen Orangenschale
Zubereitung: Quick Stir

○

Alle Zutaten in ein Rührglas mit Eis geben und umrühren.
In einen Tumbler auf Eis abseihen, mit einer Orangenschale garnieren und servieren.

Tipp: Eine herrliche Variante ist der Old Pal. Ersetzen Sie den Bourbon gegen Rye, süßen Vermouth gegen trockenen und servieren Sie ihn straight up mit einem Zitronen-Coin.

JILLIAN VOSE

–

PSYCHO KILLER

60 ml Redbreast 12 Irish Whiskey
15 ml Giffard Banane du Brésil Liqueur
15 ml Giffard Crème de Cacao Blanc
20 ml Campari
2 Dashes Vieux Pontarlier Absinth

Glas: Martiniglas
Eis: Wird ohne Eis serviert
Garnitur: Ohne
Zubereitung: Long Stir

○

Alle Zutaten in ein Rührglas mit Eis geben und umrühren.
In ein gekühltes Martiniglas abseihen und servieren.

BRAMBLE

Der Cocktail wurde Mitte der 1980er-Jahre vom berühmten Dick Bradsell in Fred's Club in Soho, London, zuerst gemixt. Er geht auf seine Kindheitserinnerungen zurück, als er auf der Isle of Wight Brombeeren sammelte. Crème de Mûre verleiht dieser Variante eines klassischen Gin Sour eine interessante Note.

50 ml Gin – Chase GB Extra Dry Gin
25 ml Zitronensaft
10 ml Zuckersirup
15 ml Crème de Mûre – Merlet Crème de Mûre Sauvage

Glas: Tumbler
Eis: Crushed Ice
Garnitur: 1 Brombeere
Zubereitung: Quick Shake und Crème de Mûre floaten

○

Alle Zutaten außer der Crème de Mûre in einen Shaker mit Eis geben und schütteln. In einen gekühlten Tumbler auf Crushed Ice abseihen. Crème de Mûre darüber floaten, mit einer Brombeere garnieren und servieren.

BRANDY ALEXANDER

Dies ist die Variation eines älteren Cocktails auf Ginbasis (nämlich dem Alexander). Erfunden wurde der Brandy Alexander Mitte der 1930er-Jahre, seitdem ist er ein Cocktailklassiker. Cognac, dunkler Kakaolikör und Sahne machen den Drink zu einem köstlichen Genuss nach dem Essen.

Wenn Sie das Original bevorzugen, ersetzen Sie einfach den Cognac durch Gin; außerdem empfehlen wir dann, weißen statt dunklen Kakaolikör zu verwenden. Gin und Vanille sind eine tolle Kombination.

40 ml Cognac – Pierre Ferrand 1840
20 ml Crème de Cacao – Bols Crème de Cacao Brown
20 ml Sahne

Glas: Coupette
Eis: Wird ohne Eis serviert
Garnitur: Geriebene Muskatnuss
Zubereitung: Long Shake

o

Alle Zutaten in einen Shaker mit Eis füllen und schütteln.
In eine gekühlte Coupette abseihen, mit etwas geriebener Muskatnuss garnieren und servieren.

BRANDY CRUSTA

Joseph Santini erfand diesen Cocktail Mitte der 1850er-Jahre in der Bar Jewel of The South in New Orleans. Als einer der ersten Cocktails mit frischer Zitrone war er damals ziemlich revolutionär.

Der Name bezieht sich auf die »Kruste« aus Zucker und Zitronenschale am Glasrand, die den Drink maßgeblich prägt und die vor dem Mixen vorbereitet werden muss (siehe Seite 29). Der Aufwand lohnt sich jedoch, denn dieser Cocktail ist sowohl erfrischend als auch komplex und verbindet sehr schön die Zitrusfrucht mit dem Weinbrand. Sollten Sie danach auf den Geschmack gekommen sein: Es gibt etliche Variationen über das Thema – Rum Crusta, Whiskey Crusta usw.

40 ml Cognac – Hennessy V.S.O.P
25 ml Zitronensaft
5 ml Maraschino – Luxardo Maraschino
10 ml Triple Sec – Cointreau
5 ml Zuckersirup
1 Dash Angostura Bitters

Glas: Champagnerflöte
Eis: Wird ohne Eis serviert
Garnitur: Crusta
Zubereitung: Long Shake

○

Alle Zutaten in einen Shaker mit Eis füllen und schütteln.
In eine mit einer Crusta versehene Champagnerflöte abseihen und servieren.

BREAKFAST MARTINI

Dieser Cocktail wurde 1996 im Lanesborough Hotel in London kreiert, als der legendäre italienische Bartender Salvatore Calabrese von seiner Frau überredet wurde, sein übliches Frühstück, das nur aus einem Espresso bestand, durch Toast mit Marmelade zu ersetzen. Ein paar Stunden später erblickte dieser Cocktail in der Library Bar das Licht der Welt und wurde im Nu ein moderner Klassiker. Salvatore selbst hat uns freundlicherweise sein Rezept überlassen.

50 ml Gin – Tanqueray Gin
15 ml Triple Sec – Cointreau
15 ml Zitronensaft
1 Barlöffel (5 ml) Orangenmarmelade (fine-cut)

Glas: Martiniglas
Eis: Wird ohne Eis serviert
Garnitur: Orangenstreifen
Zubereitung: Long Shake

○

Alle Zutaten in einen Shaker füllen und die Marmelade gut mit den anderen Zutaten vermischen. Eis hinzufügen und schütteln.

In ein gekühltes Martiniglas abseihen, mit einem Streifen Orangenschale garnieren und servieren.

BROOKLYN

Wir finden, dass dies eine komplexere und deshalb interessantere Version des Manhattan ist, da der trockene Vermouth wunderbar die Süße des Maraschino ausgleicht.

Die an der Wende zum 20. Jahrhundert von Jacob Grohusko in New York erfundene Originalversion enthielt, anders als wir es heute gewöhnt sind, süßen statt trockenen Vermouth. Beide aber funktionieren großartig, entscheiden Sie also selbst, welche Variante Ihnen besser schmeckt.

50 ml Rye – Bulleit Rye Whiskey
15 ml Picon Amer
5 ml Maraschino – Luxardo Maraschino
5 ml trockener Vermouth – Noilly Prat Original

Glas: Coupette
Eis: Wird ohne Eis serviert
Garnitur: Kirsche
Zubereitung: Long Stir

○

Alle Zutaten in ein Rührglas mit Eis geben und umrühren.
In eine gekühlte Coupette abseihen, mit einer Kirsche garnieren und servieren.

IVY MIX

-

PALO NEGRO

60 ml Partida Reposado Tequila
30 ml Lustau Palo Cortado Sherry
15 ml Blackstrap Rum
5 ml Grand Marnier Cordon Rouge
5 ml Demerara-Sirup (siehe unten)

Glas: Martiniglas
Eis: Wird ohne Eis serviert
Garnitur: Orangen-Coin
Zubereitung: Long Stir

○

Alle Zutaten in ein Rührglas mit Eis geben und umrühren. In ein gekühltes Martiniglas abseihen, mit einem Orangen-Coin garnieren und servieren.

Demerara-Sirup

2 Teile Demerarazucker
1 Teil Wasser

○

Beide Zutaten miteinander verrühren, bis sich der Zucker aufgelöst hat.

CAIPIRINHA

Das brasilianische Nationalgetränk Caipirinha entstand wahrscheinlich im 19. Jahrhundert auf den Zuckerrohrplantagen in der Umgebung von São Paulo. Er ist heute der beliebteste Cocktail in Südamerika – praktisch jeder hat seine eigene Art, ihn zu mixen. Wesentliche Zutat ist Cachaça, eine dem Rum ähnliche brasilianische Spirituose, die aber aus frischem Zuckerrohrsaft statt aus Melasse gebrannt wird. Caipirinha ist sehr einfach zuzubereiten und schmeckt herrlich süß, pikant und erfrischend. Mixt man ihn mit Wodka, heißt der Drink Caipiroska.

50 ml Cachaça – Yaguara Cachaça
15 ml Limettensaft
15 ml Zuckersirup
½ Limette

Glas: Tumbler
Eis: »Dirty«
Garnitur: Limettenspalten
Zubereitung: Short Shake

○

Die halbe Limette in vier Spalten schneiden, mit den übrigen Zutaten und Eis in einen Shaker geben und schütteln, dann alles, inklusive Eis und Limetten, in einen Tumbler gießen. Diese Methode, das Eis aus dem Shaker mit ins Glas zu geben, wird »Dirty Ice« genannt.

Schmecken Sie den Drink vor dem Servieren auf jeden Fall ab, da Limetten unterschiedlich sauer sein können. Bei Bedarf können Sie noch etwas Zuckersirup hinzufügen.

CHARLIE CHAPLIN

Dieser Drink wurde Anfang des 20. Jahrhunderts in der Bar des Waldorf Astoria in New York kreiert. Der angenehm bittersüße Cocktail ist einfach und sehr ansprechend. Für ein wirklich gutes Ergebnis sollten der Sloe Gin und der Apricot Brandy von höchster Qualität sein.

30 ml Sloe Gin – Plymouth Sloe Gin
30 ml Limettensaft
30 ml Apricot Brandy – Merlet L'une d'Abricot

Glas: Coupette
Eis: Wird ohne Eis serviert
Garnitur: Ohne
Zubereitung: Long Shake

○

Alle Zutaten in einen Shaker mit Eis füllen und schütteln.
In eine gekühlte Coupette abseihen und servieren.

CHICAGO FIZZ

In der Jahren vor der Prohibition war der Chicago Fizz sehr populär. Trotz seiner Herkunft aus der Windy City wurde er berühmt genug, um jahrelang im Waldorf Astoria in New York serviert zu werden. Danach verschwand er ziemlich von der Bildfläche. Eine Wiederbelebung lohnt sich aber, denn dunkler Rum und Ruby Port ergeben eine sehr raffinierte und wohlschmeckende Kombination.

Seien Sie aber mit dem Sodawasser vorsichtig, denn eine zu starke Verdünnung tut dem Cocktail nicht gut. Auch das Eiweiß wirkt ja schon ein bisschen als Streckmittel, deshalb würde zu viel Soda den Geschmack beeinträchtigen.

40 ml gereifter Rum – Diplomatico Reserva Exclusiva
20 ml Zitronensaft
10 ml Zuckersirup
20 ml Eiweiß
15 ml Ruby Port – Dow's Fine Ruby Port
1 Schuss Soda – Schweppes Soda

Glas: Fizz-Glas
Eis: Wird ohne Eis serviert
Garnitur: Portwein floaten
Zubereitung: Dry Shake, Quick Wet Shake, mit Soda auffüllen und Portwein floaten

○

Alle Zutaten außer Port und Soda in einen Shaker geben.
Erst einen Dry Shake, dann einen Wet Shake durchführen (siehe Seite 22).
In ein gekühltes Fizz-Glas abseihen, einen Schuss Soda dazugeben,
Portwein darüber floaten und servieren.

KLASSISCHER CHAMPAGNER-COCKTAIL

Die erste verbürgte Version dieses Drinks stammt von 1855, zu jener Zeit allerdings ohne den Cognac. Der Zuckerwürfel stimuliert das Perlen der Kohlensäure im Champagner, was dem Drink mehr Spritzigkeit und unten im Glas zusätzliche Süße verleiht. Angostura Bitters bringen eine schöne Komplexität als Grundton ein. Schon ohne Cognac ist dies ein wunderbarer Drink, doch mit ihm bekommt man etwas wirklich Exquisites für eine besondere Gelegenheit.

1 Stück weißer Würfelzucker
5 Dashes Angostura Bitters
15 ml Cognac – Martell V.S.O.P
Mit Champagner auffüllen – Charles Heidsieck Brut Reserve

Glas: Champagnerflöte
Eis: Wird ohne Eis serviert
Garnitur: Langer Orangen-Twist
Zubereitung: Im Gästeglas zubereiten

○

Den Zuckerwürfel – abseits vom Glas – mit Bitters beträufeln.

Den Zuckerwürfel ins Glas legen, den Cognac daraufgießen und mit etwa 100 ml Champagner auffüllen. Mit einem Orangen-Twist garnieren und servieren.

CLOVER CLUB

Dieser Cocktail kombiniert sehr schön Gin, Zitrone und Himbeeren, dazu bringt der trockene Vermouth Komplexität ein, und das Eiweiß sorgt für ein herrlich cremiges Mundgefühl. Man kennt den Drink seit Ende des 19. Jahrhunderts; benannt ist er nach dem gleichnamigen Herrenclub, dessen Mitglieder sich zwischen etwa 1880 und 1920 im Bellevue Stratford Hotel in Philadelphia trafen.

Für den Clover Club existieren eine Menge Rezepte. Wir verwenden nach Möglichkeit sowieso für alle unsere Drinks frische Früchte, und dieser hier profitiert mit Sicherheit von köstlichen frischen Himbeeren. Probieren Sie sie aber zuvor, denn Himbeeren können ziemlich sauer sein, was etwas mehr Zuckersirup zum Ausgleich erfordern könnte.

35 ml Gin – Bombay Sapphire Gin
15 ml trockener Vermouth – Noilly Prat Original
25 ml Zitronensaft
25 ml Eiweiß
17,5 ml Zuckersirup
4 Himbeeren

Glas: Coupette
Eis: Wird ohne Eis serviert
Garnitur: 1 Himbeere
Zubereitung: Dry Shake und Long Wet Shake

Alle Zutaten in den Shaker geben. Einen Dry Shake durchführen, gefolgt von einem Wet Shake (siehe Seite 22).

In eine gekühlte Coupette abseihen, mit einer Himbeere garnieren und servieren.

CORPSE REVIVER NO. 1

Zitat aus *The Savoy Cocktail Book*: »Vor 11 Uhr morgens einnehmen, oder wann immer Saft und Kraft benötigt werden.« Damit ist alles über diesen »Leichen-Wiederbeleber« gesagt.

40 ml Cognac – Hennessy V.S.O.P
10 ml Calvados – Christian Drouin Domaine Coeur de Lion Selection
25 ml süßer Vermouth – Martini Rosso
2,5 ml (4 Dashes) Angostura Bitters

Glas: Coupette
Eis: Wird ohne Eis serviert
Garnitur: Orangen-Coin
Zubereitung: Long Stir

○

Alle Zutaten in ein Rührglas mit Eis geben und umrühren.
In eine gekühlte Coupette abseihen, mit einem Orangen-Coin garnieren und servieren.

CORPSE REVIVER NO. 2

Und noch ein Drink, um Tote wiederauferstehen zu lassen. Die Kategorie der »Leichen-Wiederbeleber« kam Mitte des 19. Jahrhunderts auf: »Vier davon in rascher Folge eingenommen, macht die Wiederbelebung der Leiche wieder rückgängig.« (*The Savoy Cocktail Book*)

Das Originalrezept verlangte Kina Lillet, doch da dieser nicht mehr erhältlich ist, hat man mehrere Möglichkeiten als Ersatz zur Wahl. Manche verwenden Lillet Blanc, doch wir bevorzugen Cocchi Americano, dessen Geschmack etwas näher beim Original liegt. Aber am besten probieren Sie beide, um zu sehen, welcher Ihnen besser gefällt.

20 ml Gin – No.3 London Dry Gin
20 ml Zitronensaft
20 ml Cocchi Americano
20 ml Triple Sec – Cointreau
1,25 ml (2 Dashes) Absinth – Pernod Absinthe

Glas: Coupette
Eis: Wird ohne Eis serviert
Garnitur: Zitronen-Coin (nur zum Ausdrücken)
Zubereitung: Long Shake

○

Alle Zutaten in einen Shaker mit Eis geben und schütteln.

In eine gekühlte Coupette abseihen, einen Zitronen-Coin leicht darüber ausdrücken und servieren.

COSMOPOLITAN

Diese perfekte, zitrus-süße Mischung aus Wodka, Orangenlikör, Limetten- und Cranberrysaft ist ein echter Klassiker, über dessen Ursprung mehrere Legenden im Umlauf sind – manche reichen bis in die 1930er-Jahre zurück. Die Version des Cocktails, der unserem heutigen Cosmopolitan am nächsten kommt, entstand 1988: Toby Cecchini kombinierte im Odeon in New York Cranberrysaft mit dem neu herausgekommenen Absolut Citron und »den Sachen, die wir damals für frische Margaritas verwendeten. Das ging praktisch wie von selbst.« Später, 1996, perfektionierte der legendäre Bartender Dale DeGroff sein eigenes Rezept in den Rainbow Rooms in Manhattan, garnierte den Drink mit seinem Markenzeichen, einer flambierten Orangenschale (wenngleich wir das lieber unterlassen, da die verbrannten Orangenöle ein sehr spezielles Aroma haben), und der Cosmopolitan wurde zum Drink des Jahrzehnts.

40 ml Wodka mit Zitrusgeschmack – Absolut Citron
10 ml Triple Sec – Cointreau
15 ml Limettensaft
15 ml Zuckersirup
25 ml Cranberrysaft

Glas: Coupette
Eis: Wird ohne Eis serviert
Garnitur: Orangen-Coin (nur zum Ausdrücken)
Zubereitung: Long Shake

○

Alle Zutaten in einen Shaker mit Eis füllen und schütteln.

In eine gekühlte Coupette abseihen, einen Orangen-Coin leicht darüber ausdrücken und servieren.

DAIQUIRI

Der Drink, den wir heute als Daiquiri kennen, wurde möglicherweise am Ende des 19. Jahrhunderts von Jennings Stockton Cox erfunden, einem amerikanischen Ingenieur, der ihn für seine Hausgäste mixte. Doch kursieren auch viele andere Geschichten über seine Herkunft.

Wie auch immer, das Trio aus Rum, Zucker und Limette ist, wie immer, eine unschlagbare Kombination. Es dürfte üblicher sein, Zuckersirup statt Kristallzucker zu verwenden, da sich Letzterer nie vollständig auflöst, wir ziehen Ersteren aber trotzdem vor, weil er im Mund eine grandiose Textur erzeugt.

15 ml (Messlöffel) feiner Zucker
30 ml Limettensaft
60 ml weißer Rum – Bacardi Ron Superior Heritage

Glas: Coupette
Eis: Wird ohne Eis serviert
Garnitur: Ohne
Zubereitung: Long Shake

○

Zucker und Limettensaft in einen Shaker geben und umrühren, um den Zucker aufzulösen.
Den Rum hinzufügen und mit Eis schütteln.
In eine gekühlte Coupette abseihen und servieren.

DARK 'N' STORMY

Wir haben dieses Schätzchen erstmals in New York probiert und sofort ins Herz geschlossen. Die Rechte an diesem Drink besitzt der Rumerzeuger Gosling Brothers aus Bermuda. Seinen Angaben zufolge wurde der Drink kurz nach dem Ersten Weltkrieg auf den Bermudas erfunden, wo Gosling seinen Firmensitz hat. Das Unternehmen empfiehlt Gosling's Black Seal Rum als Basisspirituose, der Drink gelingt aber auch mit jedem anderen dunklen Rum. Frischen Ingwersirup mit Soda zu mischen ist eine sehr schmackhafte (und unserer Meinung nach auch die bessere) Art, um Cocktails zu mixen, für die ansonsten Ginger Beer verwendet wird.

50 ml Gosling's Black Seal Rum
15 ml Limettensaft
25 ml Ingwersirup
Mit Soda auffüllen – Schweppes Soda

Glas: Highballglas
Eis: Blockeis
Garnitur: Limettenscheibe
Zubereitung: Quick Shake, mit Soda auffüllen

○

Alle Zutaten außer dem Soda in einen Shaker mit Eis geben.
Schütteln, dann in ein Highballglas auf Eis abseihen.
Mit Soda auffüllen, vorsichtig umrühren, mit einer Limettenscheibe garnieren und servieren.

DELICIOUS SOUR

»Delicious« – köstlich, das ist dieser Cocktail in der Tat.

Zuzuschreiben ist er William Schmidt, in dessen 1892 gedrucktem Buch *The Flowing Bowl* er zum ersten Mal vorkommt. Das Originalrezept verlangt nach »Apple Jack, Peach Brandy, Limette, Eiweiß und Soda«, doch heutzutage nimmt man eher Calvados, Pfirsichlikör und Zitronensaft und lässt das Soda weg – so entsteht ein wunderbar süßer und gleichzeitig erfrischender Drink.

35 ml Calvados – Christian Drouin Domaine Coeur de Lion Selection
15 ml Crème de Pêche – Merlet Crème de Pêche
25 ml frisch gepresster Zitronensaft
25 ml Eiweiß
10 ml Zuckersirup

Glas: Coupette
Eis: Wird ohne Eis serviert
Garnitur: Ohne
Zubereitung: Dry Shake und Long Wet Shake

○

Alle Zutaten in einen Shaker füllen, einen Dry Shake durchführen, gefolgt von einem Wet Shake (siehe Seite 22).

In eine gekühlte Coupette abseihen und servieren.

THE VENNING BROTHERS

-

STONE FENCE

25 ml Woodford Reserve Kentucky Bourbon
10 ml Merlet Crème de Pêche
25 ml frisch gepresster Zitronensaft
10 ml Zuckersirup
5 ml Eiweiß
50 ml Sodawasser
Mit bretonischem Cidre auffüllen

Glas: Fizz-Glas
Eis: Wird ohne Eis serviert
Garnitur: Ohne
Zubereitung: Short Shake, mit Soda und Cidre auffüllen

○

Alle Zutaten außer Soda und Cidre in einen Shaker mit Eis geben und schütteln.

In ein gekühltes Fizz-Glas abseihen, mit Soda und Cidre auffüllen und servieren.

EGGNOG

Der Eggnog stammt von einem mittelalterlichen britischen Trunk namens Posset ab, der auf Milch basierte, gewürzt war und heiß getrunken wurde. Man kann einen Eggnogg auf vielerlei Weise servieren, doch diese, bei der die komplexe Aromatik der Tonkabohne all die würzigen Wunder der Weihnachtszeit heraufbeschwört, scheint uns die beste zu sein. Steht keine Tonkabohne zur Verfügung, ist Muskatnuss ein ausgezeichneter Ersatz. Mit der Basisspirituose und dem Gewürz obendrauf können Sie nach Belieben herumexperimentieren. Wir empfehlen gereifte Brände, die der warmen Würzigkeit reichhaltige Aromen hinzufügen.

50 g feiner Zucker
1 Eigelb
1 Eiweiß
120 ml Milch
30 ml Sahne
45 ml Calvados – Christian Drouin Domaine Coeur de Lion Selection

Glas: Tumbler
Eis: Wird ohne Eis serviert
Garnitur: Geriebene Tonkabohne oder Muskatnuss
Zubereitung: Im Gästeglas zubereiten

○

Zucker und Eigelb in einer Schüssel miteinander verrühren. In einer anderen Schüssel das Eiweiß steif schlagen.

Milch, Sahne und Calvados zur Eigelbmischung geben und gut unterrühren. Den Eischnee unterheben, dann alles in einen Tumbler gießen. Frische Tonkabohne oder Muskatnuss darüberreiben und servieren.

EL DIABLO

»Der Teufel« ist ein toller Tequila-Cocktail. Woher er genau stammt, ist unbekannt, aber er scheint in den 1940er-Jahren in Kalifornien entstanden zu sein. 1946 wurde das Rezept im *Book of Food und Drink* des legendären Barbesitzers Trader Vic als mexikanischer El Diablo abgedruckt.

40 ml Blanco Tequila – Tapatio Blanco
15 ml frisch gepresster Limettensaft
20 ml Ingwersirup
Mit Soda auffüllen – Schweppes Soda
10 ml Crème de Cassis – Merlet Crème de Cassis

Glas: Highballglas
Eis: Blockeis
Garnitur: Limettenscheibe
Zubereitung: Quick Shake und mit Soda auffüllen. Crème de Cassis darüber floaten.

Alle Zutaten außer Soda und Crème de Cassis in einen Shaker mit Eis geben und schütteln.

In ein mit Eis gefülltes Highballglas abseihen. Mit Soda auffüllen und vorsichtig umrühren. Crème de Cassis darüber floaten, mit einer Limettenscheibe garnieren und servieren.

EL PRESIDENTE

Dieser elegante Cocktail auf Rumbasis wird Eddie Woelke zugeschrieben, einem Amerikaner, der die Bar im Jockey Club in Havanna leitete und diesen Drink für Präsident Gerardo Machado kreierte, der von 1925 bis 1933 über Kuba herrschte. Seitdem ist das Rezept unzählige Male variiert worden. Wir finden diese Version mit süßem Vermouth am passendsten für den modernen Gaumen. Die Zugabe von Orange Bitters verleiht dem Drink darüber hinaus eine interessante Komplexität im Hintergrund, die ihm ausgesprochen guttut.

40 ml gereifter Rum – Havana Club Selección de Maestros
15 ml süßer Vermouth – Martini Rosso
10 ml Orange Curaçao – Pierre Ferrand Dry Curaçao
5 ml Grenadine
1 Dash Orange Bitters – Regans' Orange Bitters No.6

Glas: Coupette
Eis: Wird ohne Eis serviert
Garnitur: Orangen-Coin
Zubereitung: Long Stir

○

Alle Zutaten in ein Rührglas mit Eis geben und umrühren.
In eine gekühlte Coupette abseihen, mit einem Orangen-Coin garnieren und servieren.

RUSSELL DILLON

-

BRIGHT HATCHET

35 ml Olmeca Altos Reposado
30 ml Cocchi Storico Vermouth di Torino
20 ml Pamplemousse Liqueur
3 Tropfen Bittercube Orange Bitters
2 Tropfen Rosenwasser

Glas: Martiniglas
Eis: Wird ohne Eis serviert
Garnitur: Grapefruit-Twist
Zubereitung: Long Stir

○

Alle Zutaten in ein Rührglas mit Eis geben und umrühren.

In ein gekühltes Martiniglas abseihen, mit einem Grapefruit-Twist garnieren und servieren.

ESPRESSO MARTINI

Dieser ursprünglich Vodka Espresso genannte Drink wurde 1983 von Dick Bradsell in der Soho Brasserie in London für eine Dame kreiert, die nach etwas verlangte – und hier müssen wir das Original zitieren: »to wake her up and fuck her up«. In den 1990ern wurde er dann besser bekannt als Espresso Martini. Unserer Meinung nach ist dies einer der besten Drinks, die in den letzten fünfzig Jahren erfunden worden sind. Er ist wunderbar einfach und gehört mittlerweile zu den populärsten Cocktails der Welt. Auch mit Rum oder Tequila als Basisspirituose funktioniert er ganz ausgezeichnet.

35 ml Wodka – Grey Goose
15 ml Kaffeelikör – Mr. Black Cold Brew Coffee Liqueur
10 ml Zuckersirup
25 ml frisch zubereiteter Espresso

Glas: Coupette
Eis: Wird ohne Eis serviert
Garnitur: 3 Kaffeebohnen
Zubereitung: Long Shake

○

**Alle Zutaten in einen Shaker mit Eis füllen und schütteln.
In eine gekühlte Coupette abseihen, mit drei Kaffeebohnen garnieren und servieren.**

FISH HOUSE PUNCH

Es ist üblich, beim Servieren eines Fish House Punch das folgende Gedicht zu rezitieren:
There's a little place just out of town, Where, if you go to lunch, They'll make you forget your mother-in-law, With a drink called Fish House Punch.
(Es gibt ein kleines Gasthaus vor der Stadt, wenn man dort zu Mittag isst, macht ein Drink namens Fish House Punch, dass man seine Schwiegermutter vergisst).

Das Rezept, eines der berühmtesten Punch-Rezepte überhaupt, kommt aus dem Fischereiclub »State in Schuylkill Fishing Corporation« in Philadelphia. Es stammt wahrscheinlich aus dem 18. Jahrhundert.

20 ml Cognac – Martell V.S.O.P
20 ml gereifter Rum – Havana Club Especial
10 ml Pfirsichlikör – Merlet Crème de Pêche
25 ml frisch gepresster Zitronensaft
40 ml eiskaltes Water
10 ml Zuckersirup

Glas: Highballglas
Eis: Blockeis
Garnitur: halbe Zitronenscheibe
Zubereitung: Quick Shake

○

Alle Zutaten in einen Shaker mit Eis füllen und schütteln.
In ein gekühltes Highballglas auf Eis abseihen.
Mit einer halben Zitronenscheibe garnieren und servieren.

FLIP

Dieser Drink erschien erstmals in Jerry Thomas' *The Bar-Tender's Guide* von 1862, doch er stammt wohl aus dem 17. Jahrhundert. Ein Humpen Ale wurde da mit Zucker, Eiern und Gewürzen verrührt und erhitzt, indem man ein rotglühendes Kamineisen hineinsteckte. Seit jener Zeit nennt man jeden Drink, in dem ein gespriteter Wein oder eine Spirituose mit Ei geschüttelt und mit Zucker gesüßt wird, einen Flip. Sie können deshalb mit jeder Spirituose als Grundlage experimentieren (Bourbon/Scotch und Rum), doch wir mögen die Art, wie der Cognac mit den anderen Zutaten harmoniert. Lassen Sie sich von dem rohen Ei nicht abschrecken – es verleiht dem Drink eine köstlich cremige Textur. Eine gewisse Verwandtschaft besteht mit dem Eggnog.

50 ml Cognac – Hennessy V.S.O.P
25 ml Sahne
10 ml Zuckersirup
1 Ei

Glas: Coupette
Eis: Wird ohne Eis serviert
Garnitur: Geriebene Muskatnuss
Zubereitung: Dry Shake und Long Wet Shake

○

Alle Zutaten in einen Shaker füllen und einen Dry Shake durchführen, gefolgt von einem Wet Shake (siehe Seite 22).

In eine gekühlte Coupette abseihen, die Oberfläche mit geriebener Muskatnuss garnieren und servieren.

RYAN CHETIYAWARDANA

-

RUM & COKE FLOAT

50 ml Bacardi Añejo Cuatro
20 ml Coca-Cola-Sirup (siehe unten)
1 Eiweiß

Glas: Coca-Cola-Konturglas
Eis: Wird ohne Eis serviert
Garnitur: Limetten-Twist
Zubereitung: Dry Shake und Long Wet Shake

○

Alle Zutaten in einen Shaker füllen und einen Dry Shake durchführen, gefolgt von einem langen Wet Shake (siehe Seite 22). In ein gekühltes Konturglas abseihen, mit einem Limetten-Twist garnieren und servieren.

Coca-Cola-Sirup

Cola und feinen Zucker zu gleichen Teilen miteinander vermischen.

FRENCH 75

Die genaue Herkunft dieses Cocktails ist unklar, er stammt aber aus der Zeit des Ersten Weltkriegs. Der Name bezieht sich auf ein französisches 75-mm-Feldgeschütz. In Frankreich kennt man den Drink einfach als »Soixante-Quinze«.

Für eine andere Version dieses wunderbaren Cocktails können Sie den French 75 auch mit Cognac mixen. Cognac bringt eine schöne Fülle mit ein, doch wir bevorzugen diese leichtere Variante mit Gin.

30 ml Gin – Beefeater 24
15 ml frisch gepresster Zitronensaft
10 ml Zuckersirup
Mit Champagner auffüllen – Perrier-Jouët Grand Brut NV

Glas: Champagnerflöte
Eis: Wird ohne Eis serviert
Garnitur: Lange Zitronenschale
Zubereitung: Quick Shake, mit Champagner auffüllen

○

Gin, Zitronensaft und Zuckersirup in einen Shaker mit Eis geben und schütteln.
In eine Champagnerflöte abseihen und mit Champagner auffüllen.
Vorsichtig umrühren, mit der Zitronenschale garnieren und servieren.

MIMI SCHOFIELD

-

TAMARA IN A GREEN BUGATTI

45 ml Citadelle Original Gin
25 ml frisch gepresster Zitronensaft
15 ml Zuckersirup
2 Dashes Scrappy's Lavender Bitters
5 Minzblätter
Mit Ruinat Blanc de Blancs NV Champagner auffüllen

Glas: Tumbler
Eis: Blockeis
Garnitur: Minzzweig, essbare Blüte, getrockneter Lavendelstängel
Zubereitung: Quick Shake, mit Champagner auffüllen

○

Alle Zutaten außer dem Champagner in einen Shaker mit Eis geben und schütteln.

In einen gekühlten Tumbler auf Eis abseihen und mit Champagner auffüllen. Mit einem Minzzweig, einer essbaren Blüte und einem getrockneten Lavendelstängel garnieren und servieren.

GARIBALDI

Dieser Drink in Campari-Rot erweist General Giuseppe Garibaldi die Ehre, der in seiner charakteristischen roten Jacke einen großen Beitrag zur Einigung Italiens und zur Entstehung des modernen italienischen Staates geleistet hat. Jahrelang fristete der Drink ein Schattendasein, wurde aber kürzlich von Naren Young im Caffe Dante, einer Institution im Greenwich Village, wieder propagiert.

Der Schlüssel zu einem großartigen Garibaldi ist frisch gepresster Orangensaft. Durch das Schütteln ohne Eis (Dry Shake) wird der Drink belüftet, ohne dabei verdünnt zu werden, und das ist entscheidend, damit die Aromen intensiv bleiben.

Als Variation können Sie den Campari durch Rye Whiskey ersetzen und den Orangensaft durch frisch gepressten Apfelsaft. Das schmeckt ebenfalls ausgezeichnet.

35 ml Campari
100 ml frisch gepresster Orangensaft

Glas: Tumbler
Eis: Blockeis
Garnitur: halbe Orangenscheibe
Zubereitung: Dry Shake

○

Beide Zutaten in eine Shaker geben und ohne Eis schütteln (siehe Seite 22).
In einen gekühlten Tumbler gießen, mit einer halben Orangenscheibe garnieren und servieren.

GIMLET

Der Gimlet ist ein alter britischer Seemannstrunk. Bevor man Ende der 1860er-Jahre damit begann, Limetten mit Zucker zu konservieren (als Limettensirup, dem sogenannten Lime Cordial), hatten die Seeleute viele Jahre lang Limetten mit Alkohol konserviert und als Medizin gegen Skorbut auf ihren langen Seereisen eingenommen.

Es gibt zwei Arten, einen Gimlet zu machen. Das Original verlangt nach gleichen Teilen Gin und Lime Cordial, die andere Art ist unsere bevorzugte Version unten.

Ein Cordial ist im Wesentlichen eine Kombination von Säure (Limette), Zucker und einem Streckmittel, meist Wasser. Mit unserem Rezept hier kreieren wir einen frischen Cordial »à la minute« und mixen dabei einen herrlich sauberen, duftenden Cocktail.

60 ml Gin – **Portobello Road Gin**
30 ml frisch gepresster Limettensaft
15 ml (Messlöffel) feiner Zucker

Glas: Coupette
Eis: Wird ohne Eis serviert
Garnitur: Ohne
Zubereitung: Long Shake

○

Zucker und Limettensaft in einen Shaker mit Eis geben und umrühren, damit sich der Zucker auflöst. Den Gin hinzufügen und schütteln.

In eine gekühlte Coupette abseihen und servieren.

GIN & TONIC

Die Wurzeln des Gin & Tonic liegen wahrscheinlich in Indien, wo die britischen Armeeoffiziere Chinin (gegen Malaria) mit Wasser, Zucker und Gin mixten.

Richtig zubereitet, bietet der Gin & Tonic alles, was man von einem Drink verlangen kann. Wichtig ist, dass der Gin präsent bleibt – ein Verhältnis von 3:1 funktioniert wunderbar. Wir finden auch, dass ihm ein Hauch Zitrone gut steht, aber ganz subtil, denn der Gin muss auf jeden Fall die erste Geige spielen. An Gins herrscht heutzutage kein Mangel, sodass Sie ihre Lieblingsmarke verwenden oder mit verschiedenen Sorten experimentieren können.

50 ml Gin – Tanqueray Gin
150 ml Tonic Water – Schweppes Indian Tonic Water

Glas: Highballglas
Eis: Blockeis
Garnitur: Halbe Zitronenscheibe und Zitronen-Coin (nur zum Ausdrücken)
Zubereitung: Im Gästeglas zubereiten

○

Ein Highballglas mit Eis füllen und den Gin dazugeben. Das Tonic Water behutsam daraufgießen; es sollten so wenige Bläschen wie möglich freigesetzt werden.

Mit einer halben Zitronescheibe garnieren, einen Zitronen-Coin leicht darüber ausdrücken und servieren.

GIN FIZZ

Dieser erfrischende Drink ist ideal für einen warmen Sommertag oder -abend. Sein Ursprung ist unbekannt, erstmals erschien er 1862 in Jerry Thomas' *The Bar-Tender's Guide*.

Wir zerstoßen gern Zitronenschale mit Zucker, um die Öle aus der Schale freizusetzen. Das ergibt den gleichen Effekt wie ein Oleo Saccharum – im Wesentlichen eine Mischung aus Zitrusöl und Zucker. Wenn man zusätzlich Eiweiß dazugibt, wird ein Silver Fizz daraus, mit einem Eigelb ein Golden Fizz. Und noch eine Menge weiterer Variationen finden sich in dieser vielseitigen Familie von Drinks.

1 Zitronenschale zum Schütteln
15 ml (Messlöffel) feiner Zucker
30 ml frisch gepresster Zitronensaft
60 ml Gin – **Plymouth Gin**
Mit Soda auffüllen – **Schweppes Soda**

Glas: Fizz-Glas
Eis: Wird ohne Eis serviert
Garnitur: Zitronenschale
Zubereitung: Quick Shake und mit Soda auffüllen

○

Die Zitronenschale und den Zucker in einen Shaker geben und zerstoßen. Den Zitronensaft dazgeben und umrühren, bis sich der Zucker aufgelöst hat.

Den Gin und Eis in den Shaker geben und schütteln.

In ein gekühltes Fizz-Glas abseihen. Mit Sodawasser auffüllen und behutsam umrühren. Mit einer Zitronenschale garnieren und servieren.

GODFATHER

Dieser sehr einfach Drink wurde in den 1970er-Jahren dank des Romans *The Godfather* (Der Pate, 1969) und dessen Verfilmung (1972) sehr populär. Traditionell besteht er aus zwei Zutaten – Scotch und Amaretto –, aber wir geben gern auch einen Spritzer Angostura Bitters dazu, das verleiht ihm etwas mehr Komplexität. Sonst wäre es einfach nur ein ziemlich süßer Cocktail.

Wenn Sie den Scotch durch Wodka ersetzen, heißt der Drink Godmother (Patin). Verwenden Sie dagegen Cognac, wird er ein Godchild (Patenkind).

40 ml Scotch – The Balvenie DoubleWood 12
20 ml Amaretto – Luxardo Amaretto di Saschira
1 Dash Angostura Bitters

Glas: Tumbler
Eis: Blockeis
Garnitur: Ohne
Zubereitung: Short Stir

○

Alle Zutaten in ein Rührglas mit Eis geben und umrühren.
In einen mit Eis gefüllten Tumbler abseihen und servieren.

DANIEL SCHOFIELD

–

PADRINO

40 ml Woodford Reserve Rye
15 ml Luxardo Amaretto di Saschira
10 ml González Byass Oloroso Sherry
10 ml Tío Pepe Fino Sherry
5 ml Merlet Lune d'Abricot
2 Dashes Peychaud's Bitters

Glas: Tumbler
Eis: Blockeis
Garnitur: Zitronen-Twist
Zubereitung: Quick Stir

○

Alle Zutaten in ein Rührglas mit Eis geben und umrühren.
In einen mit Eis gefüllten Tumbler abseihen, mit einem Zitronen-Twist garnieren und servieren.

GRASSHOPPER

Erfunden um 1920 im Lokal Tujagues im französischen Viertel von New Orleans, zeigt sich der Grasshopper süß, fantastisch grün und mit Minzgeschmack. An besten servieren Sie ihn nach einer Mahlzeit.

35 ml Crème de Cacao Blanc – **Briottet Crème de Cacao Blanc**
30 ml Crème de Menthe Verte – **Briottet Crème de Menthe Verte**
2 Minzblätter
25 ml Sahne

Glas: Coupette
Eis: Wird ohne Eis serviert
Garnitur: 1 Minzblatt
Zubereitung: Medium Shake

○

Alle Zutaten in einen Shaker mit Eis füllen und schütteln.
In eine gekühlte Coupette abseihen, mit einem Minzblatt garnieren und servieren.

HANKY PANKY

Der Hanky Panky wurde um die Wende zum 20. Jahrhundert von Ada Coleman in der American Bar im Savoy Hotel für Sir Charles Hawtrey kreiert, einem seinerzeit sehr berühmten Schauspieler. Es handelt sich im Wesentlichen um einen süßen Martini, der aber durch die Zugabe von Fernet Branca geschmacklich variiert und damit interessanter wird.

30 ml Gin – Sipsmith London Dry Gin
30 ml süßer Vermouth – Martini Rosso
5 ml Fernet Branca

Glas: Coupette
Eis: Wird ohne Eis serviert
Garnitur: Orangen-Coin
Zubereitung: Long Stir

○

Alle Zutaten in ein Rührglas mit Eis geben und umrühren.
In eine gekühlte Coupette abseihen, mit einem Orangen-Coin garnieren und servieren.

HEMINGWAY SPECIAL DAIQUIRI (PAPA DOBLE)

Dieser Drink kommt aus der Bar El Floridita in Kuba und wurde angeblich für Ernest Hemingway persönlich gemixt, der, nachdem er den normalen Frozen Daiquiri der Bar probiert hatte, gesagt haben soll: »Der ist gut, aber ich habe ihn lieber ohne Zucker und mit der doppelten Dosis Rum.« Hemingway hatte Diabetes, infolgedessen war sein Drink ursprünglich einfach nur ein ordentlicher Schluck Rum mit einem Schuss Limettensaft. Doch er entwickelte sich im Lauf der Jahre weiter, Grapefruitsaft und Maraschino kamen dazu – und auch ein bisschen Zuckersirup für die Ausgewogenheit von Süß und Sauer.

50 ml weißer Rum – Havana Club 3 Year Old
15 ml frisch gepresster Limettensaft
30 ml frisch gepresster Grapefruitsaft
10 ml Maraschino – Luxardo Maraschino
10 ml Zuckersirup

Glas: Coupette
Eis: Wird ohne Eis serviert
Garnitur: Grapefruit-Twist (nur zum Ausdrücken)
Zubereitung: Long Shake

○

Alle Zutaten in einen Shaker mit Eis füllen und schütteln.

In eine gekühlte Coupette abseihen, einen Grapefruit-Twist leicht darüber ausdrücken und servieren.

HOT TODDY

Über die Geschichte dieses Drinks wird heftig diskutiert – manche verorten seine Herkunft in Indien, andere in Schottland. Wir bevorzugen die Version, nach der der Name von der Quelle Tod's Well in Edinburgh herrührt, die im 19. Jahrhundert große Bedeutung für die Wasserversorgung der Stadt hatte – und zu jener Zeit war auch der Drink populär.

Die Basisspirituose, das Süßungsmittel und die Gewürze können Sie nach Lust und Laune variieren. Bourbon, Rum, Weinbrand, Muskatnuss, Zimt, Nelken – alles funktioniert ganz wunderbar.

50 ml Scotch – Monkey Shoulder Blended Malt
25 ml frisch gepresster Zitronensaft
20 ml Honigsirup
50 ml heißes Wasser
1 Dash Orange Bitters – Regans' Orange Bitters No.6
1 Dash Angostura Bitters

Glas: Grogglas
Eis: Wird ohne Eis serviert
Garnitur: Zitronen-Twist (nur zum Ausdrücken)
Zubereitung: Im Gästeglas zubereiten

○

Alle Zutaten in ein Grogglas geben und vorsichtig umrühren. Einen Zitronen-Twist leicht darüber ausdrücken und servieren.

IRISH COFFEE

Schon seit Mitte des 19. Jahrhunderts mischt man in Europa gerne Kaffee mit Spirituosen, doch der Irish Coffee, den wir heute kennen, wird in der Regel Joe Sheridan zugeschrieben, der ihn in den 1940er-Jahren auf der Foynes Airbase in Limerick, Irland, kreierte.

Für uns ist der Irish Coffee ein Drink, der allen Ansprüchen genügt. Wir garnieren ihn auch gern mit geriebener Tonkabohne – wir lieben deren Aromatik und den interessanten Geschmack, der ganz zauberhaft mit der Vanillesahne flirtet.

30 ml Irish Whiskey – Jameson Irish Whiskey
100 ml heißer Kaffee
10 ml Zuckersirup
Kalte Vanillesahne floaten

Glas: Irish-Coffee-Glas
Eis: Wird ohne Eis serviert
Garnitur: Geriebene Tonkabohne oder Muskatnuss
Zubereitung: Im Gästeglas zubereiten

○

Alle Zutaten außer der Vanillesahne in ein Irish-Coffee-Glas geben und vorsichtig umrühren.

Vanillesahne darüber floaten, mit geriebener Tonkabohne oder Muskatnuss garnieren und servieren.

JACK ROSE

Keine Einigkeit herrscht über den Ursprung dieses Cocktails, doch dass er köstlich schmeckt, ist völlig unbestritten. Er besteht aus nur drei Zutaten, und in dieser klaren Einfachheit liegt auch seine Schönheit – Apfelbrand, gesüßt mit etwas Grenadine. Wir bevorzugen Zitronensaft, doch mit Limettensaft schmeckt er ebenfalls sehr gut.

50 ml Applejack – **Laird's Applejack**
25 ml frisch gepresster Zitronensaft
15 ml Grenadine

Glas: Coupette
Eis: Wird ohne Eis serviert
Garnitur: Ohne
Zubereitung: Long Shake

°

Alle Zutaten in einen Shaker mit Eis füllen und schütteln. In eine gekühlte Coupette abseihen und servieren.

JUNGLE BIRD

Dieser Cocktail im Tiki-Stil wurde Ende der 1970er-Jahre anlässlich der Eröffnung der Aviary Bar im Hilton von Kuala Lumpur kreiert, daher der Name. Wir lieben die Komplexität, die das Mischen verschiedener Rums hervorbringt, der Drink gelingt aber auch mit nur einer Sorte Rum gut – am besten eignet sich ein schöner gereifter oder ein dunkler Rum.

25 ml Jamaika-Rum – Appleton Estate Reserve 8 Year Old
10 ml dunkler Rum – Gosling's Black Seal Rum
15 ml Campari
15 ml frisch gepresster Limettensaft
35 ml frisch gepresster Ananassaft
10 ml Zuckersirup

Glas: Tumbler
Eis: Blockeis
Garnitur: Ananaskeil und Minzzweig
Zubereitung: Medium Shake

○

Alle Zutaten in einen Shaker mit Eis füllen und schütteln.

In einen mit Eis gefüllten Tumbler abseihen, mit einem Ananaskeil und einem Minzzweig garnieren und servieren.

KIR ROYAL

Dies ist die prickelnde Version des legendären französischen Aperitifs Kir. Für das Original verwendet man Bourgogne Aligoté, einen leicht goldgelben Weißwein aus Burgund. Erstmals wurde der Kir wohl Anfang des 20. Jahrhunderts im Café George in Dijon in Frankreich gemixt. Er schmeckt ebenfalls köstlich, aber die »royale« Version mit Champagner hat ihm heute ein wenig den Rang abgelaufen. Auch andere Liköre wie Birnen- oder Himbeerlikör funktionieren sehr gut.

10 ml Crème de Cassis – Merlet Crème de Cassis
100 ml Champagner – Pol Roger Brut Réserve NV

Glas: Champagnerflöte
Eis: Wird ohne Eis serviert
Garnitur: Ohne
Zubereitung: Im Gästeglas zubereiten

○

Beide Zutaten in eine Champagnerflöte geben, vorsichtig umrühren und servieren.

LAST WORD

Dieser Cocktail wurde erstmals um 1920, also zur Zeit der Prohibition, von Frank Fogarty im Detroit Athletic Club gemixt. Er besteht aus gleichen Teilen Gin, grünem Chartreuse, Maraschino-Likör und Limettensaft. Er ist frisch, kräuterwürzig und hat ordentlich Wumms.

25 ml Gin – Tanqueray No. Ten Gin
25 ml grüner Chartreuse
25 ml Maraschino – Luxardo Maraschino
25 ml Limettensaft

Glas: Coupette
Eis: Wird ohne Eis serviert
Garnitur: Kirsche
Zubereitung: Long Shake

○

Alle Zutaten in einen Shaker mit Eis füllen und schütteln.
In eine gekühlte Coupette abseihen, mit einer Kirsche garnieren und servieren.

Tipp: Spülen Sie Kirschen vor dem Garnieren immer ab. Sie sind meist in einem süßen Sirup eingelegt, der die Balance des Drinks stören kann.

LAUREN MOTE

–

CHARTREUSE MILKSHAKE

45 ml Tanqueray No. Ten Gin
15 ml weiße Crème de Cacao
15 ml grüner Chartreuse
15 ml frisch gepresster Orangensaft
15 ml frisch gepresster Limettensaft
20 ml Zuckersirup
1 Eiweiß
2 Dashes Bittered Sling Malagasy Chocolate Bitters

Glas: Highballglas
Eis: Blockeis
Garnitur: Zerstoßene rohe Kakaobohne
Zubereitung: Medium Shake

○

Alle Zutaten in einen Shaker mit Eis füllen und schütteln.

In ein gekühltes Highballglas abseihen, mit einer zerstoßenen rohen Kakaobohne garnieren und servieren.

LONG ISLAND ICED TEA

Robert Butt nimmt für sich in Anspruch, diesen Drink 1972 erfunden zu haben, als er im Oak Beach Inn in Babylon arbeitete, einer Stadt auf Long Island im Bundesstaat New York. Bei diesem Cocktail assoziiert man die Disco-Ära – nicht unbedingt immer positiv –, doch wenn man die richtige Balance hinbekommt, kann er sehr ansprechend sein. Der Trick ist, ihn wie ein Glas Eistee aussehen zu lassen, seien Sie also mit der Cola sparsam – nur ein Schuss sollte genügen.

10 ml Wodka – Reyka
10 ml Gin – Bombay Sapphire Gin
10 ml Rum – Havana 3 Club 3 Year Old Rum
10 ml Tequila – Tapatio Blanco
10 ml Triple Sec – Cointreau
25 ml frisch gepresster Zitronensaft
10 ml Zuckersirup
Mit Coca-Cola auffüllen

Glas: Highballglas
Eis: Blockeis
Garnitur: Halbe Zitronenscheibe
Zubereitung: Quick Shake und mit Coca-Cola auffüllen

○

Alle Zutaten außer der Cola in einen Shaker mit Eis geben und schütteln.
In ein mit Eis gefülltes Highballglas abseihen und mit Coca-Cola auffüllen.
Vorsichtig umrühren, mit einer halben Zitronenscheibe garnieren und servieren.

MAI TAI

Erfunden wurde der Mai Tai von Victor Jules Bergeron alias Trader Vic im Jahr 1944. Er mixte ihn für seine Freunde Ham und Carrie Guild. Nach dem ersten Schluck soll Carrie gesagt haben: »Mai tai-roa ae«, was auf Tahitisch etwa heißt: »Nicht von dieser Welt, der Beste.«

Wir verwenden zwei unterschiedliche Rums, die in dieser Mischung ein wunderbar komplexes Aromaprofil erzeugen, das dem ursprünglich verwendeten Rum recht nahekommt. Jener, der 17 Jahre alte Wray & Nephew, war mit diesem Drink extrem beliebt geworden – und im Nu ausverkauft. Der Mai Tai gelingt aber mit jeder Art von gereiftem Rum sehr gut, sollte die genannte Kombination nicht verfügbar sein.

25 ml Jamaika-Rum – **Appleton Estate Reserve 8 Year Old Rum**
25 ml gereifter Rhum agricole – **Trois Rivières VSOP**
30 ml Limettensaft
10 ml Orange Curaçao – **Pierre Ferrand Dry Curaçao**
10 ml Orgeat – **Small Hands Orgeat**
1 Dash Angostura Bitters

Glas: Tumbler
Eis: Blockeis
Garnitur: Limettenscheibe und Minzzweig
Zubereitung: Medium Shake

○

Alle Zutaten in einen Shaker mit Eis füllen und schütteln.

In einen mit Eis gefüllten Tumbler abseihen, mit einer Limettenscheibe und einem Minzzweig garnieren und servieren.

MANHATTAN

Der Ursprung dieses Drinks ist alles andere als klar, doch man nimmt an, dass er in der zweiten Hälfte des 19. Jahrhunderts in New York entstand. Heute ist als Grundstoff Bourbon ebenso akzeptiert wie Rye Whiskey, Puristen allerdings verwenden ausschließlich Rye.

Für einen Perfect Manhattan nimmt man 12,5 ml trockenen Vermouth und 12,5 ml süßen Vermouth und garniert ihn mit einem Orangen-Coin. Für einen Dry Manhattan verwendet man 25 ml trockenen Vermouth und garniert ihn mit einem Zitronen-Coin. Für diese speziellen Versionen des Manhattan finden wir die genannten Garnituren passend, doch sollte ein Manhattan unserer Meinung nach immer »Sweet« zubereitet werden, so wie hier.

50 ml Rye – **Woodford Reserve Rye**
25 ml süßer Vermouth – **Asterley Bros. Estate English Vermouth**
2,5 ml (4 Dashes) Angostura Bitters

Glas: Coupette
Eis: Wird ohne Eis serviert
Garnitur: Kirsche
Zubereitung: Long Stir

○

Alle Zutaten in ein Rührglas mit Eis geben und umrühren.
In eine gekühlte Coupette abseihen, mit einer Kirsche garnieren und servieren.

ALEX KRATENA

-

OYE MI CANTO

30 ml mit Tamarinde aromatisierter Blanco Tequila (siehe unten)
60 ml Martini Rosato Vermouth
5 ml Del Maguey Chichichapa Mezcal
1 Dash Mandarin Bitters

Glas: Coupette
Eis: Blockeis
Garnitur: Apfel- und Jasminblüten
Zubereitung: Long Stir

○

Alle Zutaten in ein Rührglas mit Eis geben und umrühren.
In eine Coupette auf Eis gießen, garnieren und servieren.

Mit Tamarinde aromatisierter Blanco Tequila

350 g Tamarinde
1 Liter Blanco Tequila

Die Tamarinde klein schneiden, mit dem Blanco Tequila in einen Vakuumierbeutel geben und 48 Stunden ziehen lassen, dann durch einen Passierbeutel (Superbag) abseihen.

MARGARITA

Daisy hieß ein in der ersten Hälfte des 20. Jahrhunderts sehr beliebter Drink, außerdem ist es der englische Blumenname für die Margerite – auf Spanisch Margarita. Auch die Daisy bestand aus einer Spirituose, Zitrussaft und einem Likör. Es gibt allerdings auch einen Cocktail namens Picador, der im 1939 erschienenen *Café Royale Cocktail Book* steht und im Wesentlichen eine Margarita ohne Salzrand darstellt. Deshalb halten viele diesen Drink als eine erste Form der Margarita.

Man kann eine Margarita auf vielerlei Art servieren – straight up, on the rocks oder frozen sind einige der häufigsten. Auch die Frage, ob Salzrand oder nicht, richtet sich allein nach der persönlichen Vorliebe.

Wenn Sie den Zuckersirup und den Salzrand weglassen und den Cointreau durch Crème d'Apricot ersetzen, wird es ein Toreador.

50 ml Blanco Tequila – **Herradura Plata Blanco**
25 ml frisch gepresster Limettensaft
25 ml Triple Sec – **Cointreau**
5 ml Zuckersirup

Glas: Coupette
Eis: Wird ohne Eis serviert
Garnitur: Salzrand
Zubereitung: Long Shake

○

Zunächst das Glas mit einem Salzrand versehen (siehe Seite 30).
Alle Zutaten in einen Shaker mit Eis füllen und schütteln.
In das Glas mit dem Salzrand abseihen und servieren.

MARTINEZ

In der Cocktailgeschichte taucht der Martinez um die 1860er-Jahre herum auf, kurz nach dem Manhattan und vor dem Martini. Abgedruckt findet man ihn erstmals 1884 in *The Modern Bartender* von O. H. Byron.

Über die Jahre ist eine Vielzahl von Rezepten für den Martinez entstanden, da ihn praktisch jeder Barkeeper auf eigene Weise zubereitet. Dies ist die Version, die wir am liebsten mögen. Die verschiedenen Schichten der Zutaten sorgen für eine schöne Komplexität, und der süße Vermouth ergibt unserer Meinung nach einen Cocktail, der besser schmeckt als sein Gegenpart mit trockenem Vermouth.

40 ml Gin – Fords Gin
20 ml süßer Vermouth – Cocchi Storico Vermouth di Torino
2,5 ml (4 Dashes) Maraschino – Luxardo Maraschino
1,25 ml (2 Dashes) Orange Bitters – Regans' Orange Bitters No.6
1,25 ml (2 Dashes) Angostura Bitters

Glas: Coupette
Eis: Wird ohne Eis serviert
Garnitur: Orangen-Coin
Zubereitung: Long Stir

○

Alle Zutaten in ein Rührglas mit Eis geben und umrühren.
In eine gekühlte Coupette abseihen, mit einem Orangen-Coin garnieren und servieren.

EZRA STAR

–

1910

20 ml Del Maguey Mezcal Vida
20 ml Pierre Ferrand Ambre Cognac
15 ml Luxardo Maraschino
30 ml Punt E Mes Vermouth
2 Dashes Peychaud's Bitters

Glas: Coupette
Eis: Wird ohne Eis serviert
Garnitur: Orangen-Coin
Zubereitung: Long Stir

○

Alle Zutaten in ein Rührglas mit Eis geben und umrühren.

In eine gekühlte Coupette abseihen, mit einem Orangen-Coin garnieren und servieren.

MARTINI

Dass der Martini ein unverwüstlicher Klassiker ist, muss man nicht extra erwähnen. Er ist zudem der lebende Beweis dafür, dass der Schlüssel zur Perfektion fast immer Einfachheit ist – Gin und trockener Vermouth. Wem man die Erfindung des Martini zuschreiben kann, ist unklar, aber es heißt, dass er sich irgendwo in den USA aus dem Manhattan mit Umweg über den Martinez entwickelt hat. H. L. Mencken nannte ihn »die einzige amerikanische Erfindung, die so perfekt wie das Sonett ist.«

Ein Martini ist eine sehr persönliche Sache, jeder will ihn auf seine Weise haben – Dry, Wet, Dirty, geschüttelt, gerührt. Unten angegeben ist unser Hausstil, doch für einen Dry Martini nehmen wir 60 ml Gin und 5 ml trockenen Vermouth, für einen Wet Martini etwas mehr Vermouth (15 ml). Wird er mit Wodka gemixt, nennt man ihn gelegentlich auch Kangaroo, aber für uns muss ein Martini immer mit Gin sein. Für eine Dirty-Version zerdrücken Sie drei hellgrüne Nocellara-Oliven aus Sizilien mit 60 ml Wodka und 5 ml trockenem Vermouth.

60 ml Gin – Tanqueray Gin
10 ml trockener Vermouth – Noilly Prat Original
1 Tropfen Orange Bitters – Regans' Orange Bitters No.6

Glas: Martiniglas
Eis: Wird ohne Eis serviert
Garnitur: Grüne sizilianische Olive oder Zitronen-Coin
Zubereitung: Long Stir

Alle Zutaten in ein Rührglas mit Eis geben und umrühren.

In ein gekühltes Martiniglas abseihen. Je nach Geschmack mit einem Zitronen-Coin oder einer Olive garnieren und servieren.

MILANO-TORINO

Der Milano-Torino (oft zu »Mi-To« abgekürzt) ist ein verblüffend einfacher, aber köstlicher Aperitif, der irgendwann in den 1860er-Jahren von Gaspare Campari im Caffè Camparino in Mailand kreiert wurde. Er verkörpert die perfekt ausgewogene Partnerschaft von gleichen Teilen Bitter und Süß, die so gut funktioniert, dass zwei weitere Cocktailklassiker aus ihr hervorgegangen sind: der Americano (siehe Seite 48) und der Negroni (siehe Seite 154).

50 ml Campari
50 ml süßer Vermouth – Cocchi Storico Vermouth di Torino

Glas: Tumbler
Eis: Blockeis
Garnitur: Halbe Orangenscheibe und Orangen-Coin (nur zum Ausdrücken)
Zubereitung: Im Gästeglas zubereiten

○

Beide Zutaten in einen Tumbler mit Eis geben und zum Vermischen, Kühlen und für eine leichte Verdünnung gut umrühren.

Mit einer halben Orangenscheibe garnieren, einen Orangen-Coin leicht darüber ausdrücken und servieren.

MINT JULEP

Dieser angenehme und erfrischende Whiskycocktail ist seit dem 18. Jahrhundert mit dem amerikanischen Süden verbunden. Heute ist er »der Drink des Kentucky Derby«, wo man praktisch nichts anderes trinkt! Die Ursprünge des Julep allerdings scheinen in Persien zu liegen, wo man schon früher ein »gulab« genanntes Getränk mit gesüßtem Rosenwasser zubereitete.

Die Verbindung von Whisky und Minze macht sich hier so gut, dass es sich, wenn Sie die Zeit haben, lohnt, die Zutaten erst ohne Eis zu mischen und eine Weile ziehen zu lassen. Sie können auch die Minzzweige direkt neben den Trinkhalm stecken, um ihr Aroma hervorzuheben.

50 ml Bourbon – Four Roses Single Barrel Bourbon
10 ml Zuckersirup
8–10 Minzblätter

Glas: Julep-Becher oder Tumbler
Eis: Crushed Ice
Garnitur: Minzzweige
Zubereitung: Im Gästeglas zubereiten, gut umrühren

○

Alle Zutaten in einen Julep-Becher geben. Crushed Ice hinzufügen und gut umrühren.

Mit noch etwas mehr Crushed Ice auffüllen, eine Menge Minzzweige neben den Trinkhalm stecken und servieren.

MOJITO

Die erste Erwähnung eines Getränks, das dem Mojito ähnelte, galt im 16. Jahrhundert einem sogenannten El Draque, einer Mischung aus Aguardiente de Cana (wörtlich »brennendes Wasser« – im Grunde eine rohe Art von Rum), Limette, Zucker und Minze. Der Legende nach wurde dieser Cocktail bei einem Ausbruch von Ruhr und Skorbut auf dem Schiff von Sir Francis Drake – daher der Name – als Gegenmittel verabreicht. Die Zutaten besorgte ein Beiboot bei einem Landgang auf Kuba. Wo immer der Mojito auch herstammen mag, er ist ein einzigartig erfrischender Drink, schon fast ein Synonym für Sommer.

Die Minze vor dem Zuckersirup zuzugeben hilft, ihre Aromen zu extrahieren. Sie sollten den Drink zudem schnell zubereiten und gleich servieren, damit die Aromen zur Geltung kommen, bevor er zu stark verdünnt ist. Der Limettensaft schließlich muss unbedingt frisch gepresst sein.

50 ml weißer Rum – Plantation 3 Stars
25 ml frisch gepresster Limettensaft
8–10 Minzblätter
20 ml Zuckersirup
Mit Soda auffüllen – Schweppes Soda

Glas: Highballglas
Eis: Crushed Ice
Garnitur: Minzzweig
Zubereitung: Im Gästeglas zubereiten, umrühren und mit Soda auffüllen

○

Alle Zutaten außer dem Soda in ein Highballglas geben und Crushed Ice einfüllen. Mit Soda auffüllen und vorsichtig umrühren, damit alle Zutaten gut vermischt sind. Mit einem Minzzweig garnieren und servieren.

MORNING GLORY FIZZ

Dieser erstmals 1884 in George Winters *How to Mix Drinks* erschienene altmodische Klassiker stammt aus einer Zeit, in der es normal war, am Morgen nach einer durchzechten Nacht gleich wieder in die Bar zu gehen und einen Muntermacher zu sich zu nehmen. Doch mit seiner schönen Säure und Aromatik sowie der vom Eiweiß herrührenden ansprechenden Textur eignet er sich für jede Gelegenheit, und dass er wieder an Beliebtheit gewinnt, ist wohlverdient.

50 ml Scotch – Dewar's 12 Year Old
25 ml frisch gepresster Zitronensaft
15 ml Zuckersirup
25 ml Eiweiß
2,5 ml (4 Dashes) Absinth – Pernod Absinthe
Mit Soda auffüllen – Schweppes Soda

Glas: Fizz-Glas
Eis: Wird ohne Eis serviert
Garnitur: Ohne
Zubereitung: Dry Shake, Quick Wet Shake, mit Soda auffüllen

○

Alle Zutaten außer dem Soda in einen Shaker geben und einen Dry Shake durchführen, gefolgt von einem Wet Shake (siehe Seite 22).

In ein gekühltes Fizz-Glas abseihen, mit Soda auffüllen und servieren.

MOSCOW MULE

Der Legende nach entstand der Moscow Mule, als John Martin (der die Rechte an Smirnoff Wodka besaß) und Jack Morgan (mit seiner eigenen Marke für Ginger Beer) 1939 in der Chatham Bar in New York auf einen Drink zusammensaßen und diesen in Kupferbechern serviert bekamen, hergestellt in einer Fabrik, die damals einem Geschäftspartner von Jack Morgan gehörte.

Wahrscheinlicher ist jedoch die Geschichte, dass er im Cock 'n' Bull Saloon in Los Angeles erstmals gemixt wurde, und zwar aufgrund einer Räumung des Lagers im Keller des Restaurants. So oder so lässt sich nicht bestreiten, dass Wodka und Ginger Beer ausgezeichnet zusammenpassen und der Cocktail ganz einfach herzustellen ist.

Sie können auch mit der Basisspirituose experimentieren – mit Gin, Bourbon oder sogar Tequila ergeben sich interessante Variationen.

50 ml Wodka – Belvedere
15 ml frisch gepresster Limettensaft
25 ml Ingwersirup
Mit Soda auffüllen – Schweppes Soda

Glas: Highballglas
Eis: Blockeis
Garnitur: Limettenscheibe und 3 Dashes Angostura Bitters
Zubereitung: Quick Shake und mit Soda auffüllen

○

Alle Zutaten außer dem Soda in einen Shaker mit Eis geben und schütteln.

In ein mit Eis gefülltes Highballglas abseihen. Mit Soda auffüllen und vorsichtig umrühren. Mit einer Limettenscheibe und 3 Dashes Angostura Bitters garnieren und servieren.

MULATA DAIQUIRI

Dieser hocharomatische, weiche Cocktail ist im Wesentlichen ein klassischer Daiquiri (siehe Seite 91), zubereitet mit gereiftem Rum und einer feinen Kakaonote. Eine Variante wird mit weißem Rum und Crème de Cacao Blanc gemixt – die Vanillenoten des weißen Kakaolikörs ergeben eine wunderbar füllige Cremigkeit.

40 ml gereifter Rum – Bacardi 8 Year Old Rum
25 ml frisch gepresster Limettensaft
10 ml Crème de Cacao – Bols Crème de Cacao Brown
10 ml Zuckersirup

Glas: Coupette
Eis: Wird ohne Eis serviert
Garnitur: Ohne
Zubereitung: Long Shake

○

Alle Zutaten in einen Shaker mit Eis füllen und schütteln.
In eine gekühlte Coupette abseihen und servieren.

AGO PERRONE

-

MULATA DAISY

45 ml Bacardi Carta Blanca
20 ml frisch gepresster Limettensaft
15 ml dunkle Crème de Cacao
10 ml Galliano L'Autentico
1 Barlöffel (5 ml) Zucker
1 Barlöffel (5 ml) Fenchelsamen

Glas: Coupette
Eis: Wird ohne Eis serviert
Garnitur: Kakaopulverrand
Zubereitung: Long Shake

○

Zunächst die Coupette mit einem Kakaopulverrand versehen, analog zu einem Zuckerrand.

Alle Zutaten in einen Shaker mit Eis füllen und schütteln.

In das Glas abseihen und servieren.

NEGRONI

Der Legende nach spazierte Graf Camillo Negroni 1919 in die Casoni Bar in Florenz und verlangte nach etwas Stärkerem als seinem sonst üblichen Americano (siehe Seite 48). Der Barkeeper, sein Freund Fosco Scarselli, ersetzte das Soda durch Gin, und der Negroni war geboren.

Das Geheimis eine großen Negroni ist, ihn nicht zu stark zu verdünnen, deshalb sollten Sie ihn bei der Zubereitung nur kurz schnell rühren. Und da es ein Drink ist, der einige Zeit auf dem Eis im Glas liegen kann, sollten Ihre Zutaten möglichst bereits gekühlt sein und in ein mit Eis gefülltes Glas gegossen werden.

25 ml Gin – Tanqueray Gin
25 ml Campari
25 ml süßer Vermouth – Asterley Bros. Estate English Vermouth

Glas: Tumbler
Eis: Blockeis
Garnitur: Halbe Orangenscheibe und Orangen-Coin (nur zum Ausdrücken)
Zubereitung: Im Gästeglas zubereiten

○

Alle Zutaten in einen mit Eis gefüllten Tumbler geben und kurz umrühren.
Mit einer halben Orangenscheibe garnieren, einen Orangen-Coin leicht darüber ausdrücken und servieren.

JAKE BURGER

-

THE QUEEN MOTHER COCKTAIL

25 ml Portobello Road Gin
25 ml Dubonnet
20 ml Aperol
5 ml Myers's Jamaican Rum

Glas: Martiniglas
Eis: Wird ohne Eis serviert
Garnitur: Je ein Orangen- und Zitronen-Coin
Zubereitung: Long Stir

○

Alle Zutaten in ein Rührglas mit Eis geben und umrühren.

In ein gekühltes Martiniglas abseihen, mit je einem Orangen- und Zitronen-Coin garnieren und servieren.

NEW YORK SOUR

Dieser Cocktail stammt vom Ende des 19. Jahrhunderts und trug damals eine ganze Reihe verschiedener Bezeichnungen (Continental Sour, Southern Whiskey Sour, Brunswick Sour, Claret Snap), bevor sich der Name New York Sour schließlich durchsetzte. Er ist im Wesentlichen ein Whisky Sour, auf den Rotwein gefloatet wird, was ihm ein schönes Äußeres und zusätzliche Geschmackstiefe verleiht.

Die meisten Rezepte verlangen für diesen Drink einen Tumbler, doch wir finden, dass alle Sours in einer Coupette besser schmecken, weil sie dort nicht zu stark verdünnt werden. Für den Rotwein empfehlen wir einen körperreichen Tropfen, etwa Malbec oder Shiraz.

50 ml Bourbon – Bulleit Bourbon Whiskey
25 ml frisch gepresster Zitronensaft
15 ml Zuckersirup
25 ml Eiweiß
20 ml Rotwein floaten

Glas: Coupette
Eis: Wird ohne Eis serviert
Garnitur: Rotwein floaten
Zubereitung: Dry Shake, Quick Wet Shake und floaten

○

Alle Zutaten außer dem Rotwein in einen Shaker geben.
Erst einen Dry Shake, dann einen Wet Shake durchführen (siehe Seite 22).
In eine gekühlte Coupette abseihen, den Rotwein darüber floaten und servieren.

OLD FASHIONED

Ende des 19. Jahrhunderts wurde die Cocktailszene in Amerika überflutet mit lauter neuen Drinks, die alle Arten von Spirituosen, Bitters, Fruchtsäften und Sirups verwendeten, was natürlich nicht jedem schmeckte. Da gab es die Alten, die mit dem ganzen neumodischen Kram nichts anfangen konnten und nur einen einfachen Cocktail wollten, wie er 1806 definiert worden war: eine Spirituose, Zucker, Wasser und Bitters. Angesichts all der Menschen in den USA, die damals einen Cocktail »the old-fashioned way« verlangten – wem kann man da für diese Erfindung danken? Vielleicht dem Pendennis Club in Louisville, der sich das auf die Fahnen schreibt, aber wer weiß es schon genau?

Wir finden, dass ein Old Fashioned schnell gemixt werden sollte. Statt einem Zuckerwürfel und Sodawasser verwenden wir Zuckersirup, der ein kontrollierteres Mixen gestattet. Sie können den Bourbon auch durch Rye, Scotch oder sogar Cognac ersetzen – alle machen sich gut.

50 ml Bourbon – Woodford Reserve Bourbon
7,5 ml Zuckersirup
2,5 ml (4 Dashes) Angostura Bitters

Glas: Tumbler
Eis: Blockeis
Garnitur: Orangen-Twist
Zubereitung: Medium Stir

○

Alle Zutaten in ein Rührglas mit Eis geben und umrühren.
In einen Tumbler auf Eis abseihen, mit einem Orangen-Twist garnieren und servieren.

DECLAN MCGURK

—

BOURBON AND BUTTER

50 ml Michter's US*1 Kentucky Straight Bourbon
10 ml Kakaolikör
10 ml Orgeat
1 Barlöffel (5 ml) Erdnussbutter creamy

Glas: Coupette
Eis: Wird ohne Eis serviert
Garnitur: Ein Lächeln
Zubereitung: Long Shake

°

Alle Zutaten in einen Shaker mit Eis füllen und schütteln. In eine gekühlte Coupette abseihen und servieren.

PALOMA

Paloma heißt »Taube« auf Spanisch. Dieser erfrischende Longdrink auf Tequilabasis wurde von Don Javier Delgado Corona in der Bar La Capilla (»Die Kapelle«) in der mexikanischen Stadt Tequila erfunden.

Für einen besonders frischen, fruchtigen Geschmack sollten Sie ein möglichst hochwertiges Grapefruit Soda wie das von Three Cents verwenden.

50 ml Blanco Tequila – Ocho Blanco
15 ml frisch gepresster Limettensaft
Mit Pink Grapefruit Soda auffüllen – Three Cents

Glas: Highballglas
Eis: Blockeis
Garnitur: Salzrand
Zubereitung: Im Gästeglas zubereiten

○

Zunächst das Highballglas mit einem Salzrand versehen (siehe Seite 30).
Eis ins Glas geben, die Zutaten hinzufügen, vorsichtig umrühren und servieren.

PEGU CLUB

Dieser Zitrus-Gin-Mix stammt aus dem Burma der 1920er-Jahre, wo er in einem Herrenclub namens The Pegu Club der Signature Drink war.

Es ist ein komplexer und ursprünglich trockener Cocktail mit deutlicher Zitrusnote. Wir finden aber, dass unser Rezept für diesen Drink am besten funktioniert, vor allem weil wir ein wenig Zuckersirup dazugeben.

40 ml Gin – Gin Mare
25 ml frisch gepresster Limettensaft
10 ml Orange Curaçao – Pierre Ferrand Dry Curaçao
10 ml Zuckersirup
1 Dash Orange Bitters – Regans' Orange Bitters No. 6
1 Dash Angostura Bitters

Glas: Coupette
Eis: Wird ohne Eis serviert
Garnitur: Limettenspalte
Zubereitung: Long Shake

○

Alle Zutaten in einen Shaker mit Eis füllen und schütteln.
In eine gekühlte Coupette abseihen, mit einer Limettenspalte garnieren und servieren.

PENDENNIS CLUB

Dieser ansprechend rosafarbene Cocktail auf Ginbasis ist ein recht naher Verwandter des Pegu Club, kommt aber aus dem Pendennis Club in Louisville, Kentucky, und verwendet Apricot Brandy statt Curaçao sowie Peychaud's Bitters, was für ein interessantes, frisches Geschmacksprofil sorgt. Auch hier hilft der zusätzliche Schuss Zuckersirup, dass die süßen, floralen und fruchtigen Noten in schöner Balance sind.

40 ml Gin – Old Young's 1829 Gin
25 ml Limettensaft
10 ml Apricot Brandy – Merlet L'une d'Abricot
10 ml Zuckersirup
2,5 ml (4 Dashes) Peychaud's Bitters

Glas: Coupette
Eis: Wird ohne Eis serviert
Garnitur: Limettenspalte
Zubereitung: Long Shake

○

Alle Zutaten in einen Shaker mit Eis füllen und schütteln.
In eine gekühlte Coupette abseihen, mit einer Limettenspalte garnieren und servieren.

PENICILLIN

Dieser 2005 von Sam Ross im Milk & Honey in New York kreierte Drink war eine Variation auf einen der meistverkauften Cocktails der Bar, den Gold Rush. Er nimmt Letzteren (Bourbon, Zitronensaft und Honigsirup) als Grundlage und fügt eine würzige Ingwernote sowie eine rauchige Schicht Islay Whisky hinzu. Der Drink hat alle medizinischen Qualitäten eines Hot Toddy – also genau das, was der Arzt verschrieben hat.

Dieses Rezept hat uns freundlicherweise sein Schöpfer Sam Ross zur Verfügung gestellt.

55 ml Scotch – Dewar's 12 Year Old
20 ml frisch gepresster Zitronensaft
10 ml Honigsirup
10 ml Ingwersirup
7,5 ml Islay Whisky – Lagavulin 16 Year Old

Glas: Tumbler
Eis: Blockeis
Garnitur: Kandierter Ingwer
Zubereitung: Medium Shake und Whisky floaten

○

Alle Zutaten außer dem Islay Whisky in einen Shaker mit Eis geben und schütteln. In einen gekühlten und mit Eis gefüllten Tumbler abseihen, den Islay Whisky darüber floaten, mit kandiertem Ingwer garnieren und servieren.

PIMM'S CUP

Pimm's No.1, ein leicht würziger Likör auf Ginbasis mit Zitrusnote, wurde 1823 kreiert. Ab wann man ihn wie heute mit Garnituren aus Früchten, Gurke und Kräutern zu servieren begann, ist unbekannt, aber auch völlig egal. Er ist die Inkarnation eines englischen Sommertags im Glas. Er schmeckt mit Limonade fast ebenso gut wie mit Ginger Ale, doch wir bevorzugen Letzeres und finden zudem, dass ein Schuss frisch gepresster Limettensaft hilft, die Süße des Likörs auszugleichen.

50 ml Pimm's No.1
10 ml frisch gepresster Limettensaft
1 Erdbeere
4–6 Minzblätter
3 Gurkenscheiben
1 halbe Orangenscheibe
Mit Ginger Ale auffüllen – Schweppes Ginger Ale

Glas: Highballglas
Eis: Blockeis
Garnitur: Minzzweig
Zubereitung: Im Gästeglas zubereiten

○

Alle Zutaten außer dem Ginger Ale in ein Highballglas geben.
Eis hinzufügen, mit Ginger Ale auffüllen und umrühren.
Mit einem Minzzweig garnieren und servieren.

PIÑA COLADA

Drei Bartender reklamieren diesen berühmten Cocktail für sich: Ramón »Monchito« Marrero Pérez sagt, er habe die erste Piña Colada 1952 in der Beachcomber Bar im Caribe Hilton gemixt, während sein Kollege dort, Ricardo Garcia, sie als seine Kreation reklamiert. Und schließlich behauptet Don Ramón Portas Mingot, dass er sie 1963 im Restaurant Barrachina in Puerto Rico erfunden habe.

Der Drink wird nicht vor Ende der 1960er-Jahr in Cocktailbüchern erwähnt, weshalb wir die ganze Wahrheit wohl nie erfahren werden. Einig kann man sich darüber sein, dass das Trio aus Rum, Ananas und Kokosnuss eine exzellente Kombination ist. Abgerundet wird der Drink unserer Ansicht nach sehr schön mit etwas Limettensaft und einem Dash Angostura Bitters. Verwenden Sie nur erstklassigen Ananassaft und verdünnen Sie die Piña Colada nicht zu stark mit zu viel Crushed Ice.

50 ml Golden Rum – Havana Club Especial
60 ml frisch gepresster Ananassaft
30 ml Coco López Cream of Coconut
1 Dash Angostura Bitters
5 ml frisch gepresster Limettensaft
Prise Salz

Glas: Highballglas
Eis: Wird ohne Eis serviert
Garnitur: Ananaskeil
Zubereitung: Im Blender (Standmixer) mixen

○

Alle Zutaten mit ein wenig Crushed Ice im Standmixer mixen.
In ein Highballglas gießen, mit einem Ananaskeil garnieren und servieren.

CHRIS MOORE

–

CHAMPAGNER-PIÑA-COLADA

20 ml Bacardi Ron Superior Heritage
5 ml Trois Rivières Rhum Blanc Agricole
40 ml frisch gepresster Ananassaft
35 ml Pineapple Cordial (siehe unten)
2 Kugeln Kokosnuss-Sorbet
35 ml Möet & Chandon Brut Champagner

Glas: Highballglas
Eis: Wird ohne Eis serviert
Garnitur: Getrocknete Kokoschips
Zubereitung: Im Blender (Standmixer) mixen

○

Alle Zutaten außer dem Champagner in einen Blender mit Eis geben und glatt mixen. Den Champagner in ein Highballglas gießen und die Mixtur darübergeben. Mit getrockneten Kokoschips garnieren und servieren.

Pineapple Cordial

500 g frisch gepresster Ananassaft
250 g feiner Zucker
5 g Zitronensäure

Alle Zutaten miteinander verrühren.

PINK GIN

Wie der Gin & Tonic war der Pink Gin zunächst ein Heilmittel. Seine Ursprünge reichen zurück ins 19. Jahrhundert, als man den Seeleuten der Royal Navy Angostura Bitters gegen Seekrankheit verabreichte. Für sich eingenommen, schmeckten diese Bitterliköre grässlich, doch mit einem steifen Gin dazu wurden sie erheblich bekömmlicher. Durch die Bitters wurde der Gin pink, und ein ziemlich köstlicher Cocktail war geboren.

Früher nahm man diesen Trunk lauwarm und unverdünnt zu sich, denn natürlich gab es auf See kein Eis. Wir dagegen servieren ihn lieber kalt und verdünnt (obwohl Sie auch eisgekühlten Gin aus dem Gefrierfach verwenden können) sowie mit dem Zusatz von Peychaud's Bitters und einer leichten Süße, um ihm die harten Kanten zu nehmen.

60 ml Gin – Plymouth Gin
1 Dash Angostura Bitters
3 Dashes Peychaud's Bitters
5 ml Zuckersirup

Glas: Coupette
Eis: Wird ohne Eis serviert
Garnitur: Zitronen-Coin
Zubereitung: Long Stir

○

Alle Zutaten in ein Rührglas mit Eis geben und umrühren.
In eine gekühlte Coupette abseihen, mit einem Zitronen-Coin garnieren und servieren.

PINK LADY

Dieser klassische Cocktail wurde nach einem Broadway-Musical von 1911 benannt; sein Schöpfer ist unbekannt. Es ist ein sehr weicher Drink mit nuancierter Komplexität, der sehr schön das Thema Fruchtig/Sauer variiert.

25 ml Gin – Beefeater London Dry
25 ml Applejack – Laird's Applejack
25 ml frisch gepresster Zitronensaft
25 ml Eiweiß
15 ml Grenadine

Glas: Coupette
Eis: Wird ohne Eis serviert
Garnitur: Ohne
Zubereitung: Dry Shake und Long Wet Shake

○

Alle Zutaten in einen Shaker füllen und einen Dry Shake durchführen, gefolgt von einem Wet Shake (siehe Seite 22).

In eine gekühlte Coupette abseihen und servieren.

PISCO SOUR

Dieser umwerfende Sour gehört zu unseren Favoriten. Über seine Herkunft wird viel gestritten, da sowohl Chile als auch Peru ihn gern für sich vereinnahmen würden. Seine legendäre Grandezza hat aber viel mit einem Amerikaner namens Victor Morris zu tun, der von Salt Lake City nach Peru emigriert war. Eines Nachts, so heißt es, gingen ihm bei der Zureitung von Whisky Sours die Vorräte aus, und er wechselte über zur lokalen Spirituose Pisco. 1916 eröffnete er sein eigenes Lokal, das für seine Pisco Sours berühmt wurde und die Popularität dieses Drinks weiter verbreitete.

Man kann Pisco Sour mit Zitronen- oder Limettensaft oder einer Mischung aus beiden zubereiten. Manche mixen ihn im Blender, doch wir finden ihn besser geschüttelt und straight up serviert. Ein Streifen Angostura Bitters am Ende sorgt für ein wunderbares Aroma.

50 ml Pisco – La Caravedo
25 ml frisch gepresster Zitronensaft
15 ml Zuckersirup
25 ml Eiweiß

Glas: Coupette
Eis: Wird ohne Eis serviert
Garnitur: Angostura-Bitters-Streifen
Zubereitung: Dry Shake und Long Wet Shake

○

Alle Zutaten in einen Shaker füllen und einen Dry Shake durchführen, gefolgt von einem Wet Shake (siehe Seite 22).

In eine gekühlte Coupette abseihen, mit einem Bitters-Streifen garnieren und servieren.

PLANTER'S PUNCH

Über die Herkunft dieses bezaubernd komplexen Punch-Cocktails herrscht einmal mehr Uneinigkeit – manche sagen, er komme aus dem Planters Hotel in Charleston, South Carolina, andere wollen wissen, dass die Frau eines jamaikanischen Plantagenbesitzers damit ihre Arbeiter erfrischt habe. Man kann den Mix aus Rum, Limette, Zucker und Wasser auf vielerlei Art zusammenstellen; wir bevorzugen das folgende Rezept.

50 ml Jamaika-Rum – Myers's Rum
25 ml Limettensaft
15 ml Zuckersirup
2,5 ml (4 Dashes) Angostura Bitters
Mit Soda auffüllen – Schweppes Soda

Glas: Highballglas
Eis: Blockeis
Garnitur: Limettenscheibe
Zubereitung: Quick Shake und mit Soda auffüllen

○

Alle Zutaten außer dem Soda in einen Shaker mit Eis geben und schütteln.

In ein mit Eis gefülltes Highballglas abseihen und mit Soda auffüllen. Vorsichtig umrühren, mit einer Limettenscheibe garnieren und servieren.

RAMOS GIN FIZZ

Dieser Drink ist einfach unglaublich – die perfekte Balance von süß und sauer, dabei von herrlich leichter, cremiger Textur. Er wurde 1888 von Henry Charles Ramos im Imperial Cabinet Saloon in New Orleans eingeführt. Traditionell muss man ihn schütteln, »bis man das Eis nicht mehr hört«. Das dauert sehr lang und ist anstrengend – und in Wirklichkeit gar nicht nötig. Der Trick ist, den geschüttelten Cocktail und das Soda gleichzeitig und gleichmäßig ins Glas zu gießen. Mit dieser Technik bekommt man eine schönen »Kappe« und genau die richtige Textur. Warten Sie dann ein paar Augenblicke und füllen den Cocktail erneut auf. Verwenden Sie nur Sahne mit hohem Fettgehalt – in einem guten Ramos muss der Trinkhalm frei in der Glasmitte stehen können.

60 ml Gin – Fords Gin
15 ml frisch gepresster Zitronensaft
15 ml frisch gepresster Limettensaft
25 ml Zuckersirup
25 ml Sahne
25 ml Eiweiß
2,5 ml (4 Dashes) Orangenblütenwasser
Mit Soda auffüllen – Schweppes Soda

Glas: Fizz-Glas
Eis: Wird ohne Eis serviert
Garnitur: Ohne
Zubereitung: Dry Shake, Long Wet Shake, mit Soda auffüllen

○

Alle Zutaten außer dem Soda in einen Shaker geben und zunächst einen Dry Shake, dann einen Wet Shake durchführen (siehe Seite 22). In ein gekühltes Fizz-Glas abseihen und gleichzeitig das Soda eingießen.

RICKEY

Dieser erfrischende Gin-Cocktail wird George A. Williamson zugeordnet, der anscheinend 1880 mitbekam, wie Colonel Joe Rickey eine Limette in seinen Whisky ausdrückte und das Glas dann mit Soda auffüllte. Infolgedessen nannte Williamson den Drink nach dem Colonel.

Mit der Formel dieses Rezepts kann man wunderbar Varianten ausprobieren. Wir geben gern Likör dazu, etwa Rhabarber- oder Grapefruitlikör; allerdings muss man dann die Menge des Zuckersirups verringern, sonst wird der Drink zu süß. Verwenden Sie für ein optimales Ergebnis einen sehr guten, aromatischen Gin.

50 ml Gin – Hendrick's Gin
20 ml frisch gepresster Limettensaft
12,5 ml Zuckersirup
Mit Soda auffüllen – Schweppes Soda

Glas: Highballglas
Eis: Blockeis
Garnitur: Limettenscheibe
Zubereitung: Quick Shake und mit Soda auffüllen

○

Alle Zutaten außer dem Soda in einen Shaker mit Eis geben und schütteln.

In ein mit Eis gefülltes Highballglas abseihen und mit Soda auffüllen. Vorsichtig umrühren, mit einer Limettenscheibe garnieren und servieren.

ROB ROY

Dieser Drink wurde 1894 im Waldorf Astoria in New York kreiert und nach dem Musical über den schottischen Outlaw Rob Roy benannt, das damals am Broadway lief. Im Wesentlichen handelt es sich um einen Manhattan mit Scotch. Wir glauben, dass sich ein ausgewogener Scotch am besten eignet, der Rob Roy ist aber auch mit einem Single Malt ausgezeichnet – ein Islay Whisky wirkt hier Wunder! Die Torfnote des Islay Whiskys erzeugt einen herrlichen Kontrast zur Süße des Vermouths.

50 ml Scotch – The Macallan 12 Year Old Double Cask
25 ml süßer Vermouth – Cocchi Storico Vermouth di Torino
2,5 ml (4 Dashes) Angostura Bitters

Glas: Coupette
Eis: Wird ohne Eis serviert
Garnitur: Kirsche
Zubereitung: Long Stir

○

**Alle Zutaten in ein Rührglas mit Eis geben und umrühren.
In eine gekühlte Coupette abseihen, mit einer Kirsche garnieren und servieren.**

RUM OLD FASHIONED

Dies ist eine hübsche Variante des klassischen Old Fashioned (siehe Seite 158), die allerdings mit weniger Zuckersirup als ihr auf Bourbon basierender Bruder zu mixen ist, sonst bringt die Süße des Rums den Drink aus dem Gleichgewicht. Mit einen Demerara-Rum aus Guyana ist dieser Cocktail sensationell.

50 ml gereifter Rum – El Dorado 12 Year Old Rum
5 ml Zuckersirup
2,5 ml (4 Dashes) Angostura Bitters

Glas: Tumbler
Eis: Blockeis
Garnitur: Orangen-Twist
Zubereitung: Medium Stir

○

Alle Zutaten in ein Rührglas mit Eis geben und umrühren.
In einen Tumbler auf Eis abseihen, mit einem Orangen-Twist garnieren und servieren.

RUSSIAN SPRING PUNCH

Dieser tolle rote Punch ist eine weitere Erfindung von Dick Bradsell aus den 1980er-Jahren – und in seinen Worten »ein Vorschlaghammer von einem Drink«. Das bezieht sich darauf, dass er der klassischen Formel für einen Punch folgt: 1 Teil süß, 2 Teile sauer, 3 Teile stark, 4 Teile schwach – nur dass die »schwache« Komponente, sonst Saft oder Soda, hier Champagner ist!

30 ml Wodka – Belvedere
15 ml Crème de Cassis – Merlet Crème de Cassis
25 ml frisch gepresster Zitronensaft
10 ml Zuckersirup
Mit Champagner auffüllen – Möet & Chandon Brut

Glas: Highballglas
Eis: Blockeis
Garnitur: Halbe Zitronenscheibe
Zubereitung: Quick Shake, mit Champagner auffüllen

○

Alle Zutaten außer dem Champagner in einen Shaker mit Eis geben und schütteln.
In ein Highballglas auf Eis abseihen und mit Champagner auffüllen.
Vorsichtig umrühren, mit einer halben Zitronenscheibe garnieren und servieren.

RUSTY NAIL

Dieser sehr einfache Digestif auf Scotchbasis wird auf ewig mit dem Rat Pack verbunden bleiben, der legendären Gruppe aus Entertainern um Frank Sinatra und Dean Martin. In den 1950er-Jahren im 21 Club in New York war der Rusty Nail ihr bevorzugtes Getränk und verkörperte in gewisser Weise auch ihre Lässigkeit und Coolness.

Probieren Sie als Variante den B & B, gemixt und garniert auf dieselbe Art aus gleichen Teilen Cognac und Bénédictine D.O.M Likör.

40 ml Scotch – Johnnie Walker Black Label
20 ml Drambuie

Glas: Tumbler
Eis: Blockeis
Garnitur: Zitronen-Twist
Zubereitung: Im Gästeglas zubereiten

○

Beide Zutaten in einen Tumbler gießen und schnell miteinander verrühren. Eis hinzufügen, mit einem Zitronen-Twist garnieren und servieren.

SAZERAC

Dieser wunderbare Cocktail erblickte das Licht der Welt in den 1850er-Jahren in New Orleans. Ursprünglich war es ein Cognac-Cocktail, benannt nach der Marke, mit der er als Erstes gemixt wurde: Sazerac de Forge et Fils. Die Version mit Rye Whiskey ist aber genauso köstlich. Das Glas mit Absinth auszuspülen verleiht dem Drink ein feines, nuanciertes Aroma.

Darüber hinaus sind wir der Meinung, dass es dem Sazerac guttut, aus einer gewissen Höhe ins Glas gegossen zu werden. Er wird dadurch belüftet und bekommt ein etwas anderes Mundgefühl als ein Manhattan oder Old Fashioned.

Sie können ihn auch mit gleichen Teilen Rye und Cognac (je 25 ml) mixen, dann wird ein »Half and Half« daraus.

Absinth – Pernod Absinthe
50 ml Cognac oder Rye – Hennessy V.S.O.P. oder Sazerac Straight Rye
7,5 ml Zuckersirup
2,5 ml (4 Dashes) Peychaud's Bitters

Glas: Mit Absinth ausgespülter Tumbler
Eis: Wird ohne Eis serviert
Garnitur: Zitronen-Twist (nur zum Ausdrücken)
Zubereitung: Long Stir

○

Zunächst den gekühlten Tumbler mit Absinth ausspülen, sodass das Glas innen ganz davon überzogen ist. Den Rest wegschütten.

Alle Zutaten in ein Rührglas mit Eis geben und umrühren.

In den Tumbler abseihen, einen Zitronen-Twist leicht darüber ausdrücken und servieren.

CHARLES SCHUMANN

–

CAFÉ PEP

1 Stück brauner Würfelzucker
60 ml Brandy Carlos I Solera Grand Reserva
25 ml kalter Espresso
Absinth-Spray

Glas: Tumbler
Eis: Wird ohne Eis serviert
Garnitur: Ohne
Zubereitung: Im Gästeglas zubereiten

○

Den Würfelzucker in einen Tumbler legen und den Brandy daraufgießen. Rühren, bis sich der Zucker aufgelöst hat.

Den Espresso dazugeben und umrühren, dann Absinth darübersprühen und servieren.

SHERRY COBBLER

Dieser Cocktail wurde in den 1830er-Jahren erfunden und gehörte offenbar zu den beliebtesten Drinks jener Zeit. Das ist nicht weiter verwunderlich, denn er ist ein ausgezeichneter Sommerdrink, den Sie je nach Saison mit verschiedenen Früchten mixen können. Im Herbst ersetzen wir beispielsweise die Erdbeere und Orange durch Rosinen und Apfel.

60 ml Oloroso Sherry – González Byass
1 Erdbeere
2 Orangenspalten
1 Zitronenscheibe
5 ml Zuckersirup

Glas: Tumbler
Eis: Crushed Ice
Garnitur: Minzzweig
Zubereitung: Quick Shake

○

Alle Zutaten in einen Shaker mit Eis füllen und schütteln.

In einen mit Crushed Ice gefüllten Tumbler abseihen, mit einem Minzzweig garnieren und servieren.

SIDECAR

Dieser einfache Sour-Klassiker schmeckt nach dem London der 1920er-Jahre und wurde wahrscheinlich von einem gewissen Pat McGarry in The Buck's Club erfunden.

Im Vergleich zu vielen anderen Drinks in unserem Buch wirkt dieser vielleicht ein wenig sauer. Allerdings bringt der Zuckerrand neben einem schönen Texturelement auch eine köstliche Süße mit ein.

40 ml Cognac – Remy Martin V.S.O.P
20 ml frisch gepresster Zitronensaft
20 ml Orange Curaçao – Pierre Ferrand Dry Curaçao
2,5 ml (4 Dashes) Zuckersirup

Glas: Coupette
Eis: Wird ohne Eis serviert
Garnitur: Zuckerrand
Zubereitung: Long Shake

○

Eine gekühlte Coupette mit einem Zuckerrand versehen (siehe Seite 31).
Alle Zutaten in einen Shaker mit Eis füllen und schütteln.
In das gekühlte Glas mit dem Zuckerrand abseihen und servieren.

SULLIVAN DOH

-

CAR'S DELIGHT

45 ml Cognac D'Ussé V.S.O.P.
30 ml Pierre Ferrand Dry Curaçao
20 ml frisch gepresster Zitronensaft
10 ml Orangenblütenwasser

Glas: Coupette
Eis: Wird ohne Eis serviert
Garnitur: Ohne
Zubereitung: Long Shake

○

Alle Zutaten in einen Shaker mit Eis füllen und schütteln.
In eine gekühlte Coupette abseihen und servieren.

SINGAPORE SLING

Dieser fruchtige Longdrink auf Ginbasis wurde Anfang des 20. Jahrhunderts von einem aus Hainan stammenden Barkeeper namens Ngiam Tong Boon erfunden, der in der Long Bar im Raffles Hotel in Singapur hinter dem Tresen stand.

Es sind viele Varianten des Singapore Sling im Umlauf; diese hier ist unser Favorit. Der Drink ist fruchtig, erfrischend und aufgrund seiner vielen Zutaten komplex.

40 ml Gin – Portobello Road Gin
10 ml Cherry Brandy – Cherry Heering
5 ml Bénédictine D.O.M. Likör
10 ml Grenadine
5 ml Triple Sec – Cointreau
1,25 ml (2 Dashes) Angostura Bitters
25 ml frisch gepresster Zitronensaft
Mit Soda auffüllen – Schweppes Soda

Glas: Highballglas
Eis: Blockeis
Garnitur: Halbe Zitronenscheibe und Maraschino-Kirsche
Zubereitung: Short Shake, mit Soda auffüllen

○

Alle Zutaten außer dem Soda in einen Shaker mit Eis geben und schütteln.

In ein Highballglas auf Eis abseihen. Mit Soda auffüllen, mit einer halben Zitronenscheibe und einer Maraschino-Kirsche garnieren und servieren.

(WHISKEY) SMASH

Dieser Drink ähnelt einem Whisky Sour (siehe Seite 212) mit Minznote oder einem Mint Julep (siehe Seite 145). Auch wenn die hier wiedergegebene Version Ende der 1990er von Dale DeGroff im Rainbow Room in New York kreiert wurde, so reichen die Wurzeln des Drinks doch bis zu Jerry Thomas' *The Bar-Tender's Guide* von 1887 zurück.

Er zeigt auf köstliche Weise, dass Minze und Bourbon füreinander geschaffen sind, funktioniert aber auch mit fast jeder anderen Basisspirituose: Gin, Wodka, Rum, Tequila … Und wenn Sie noch ein paar Gurkenscheiben hineingeben und den Zitronensaft durch Limettensaft ersetzen, sind Sie in der Familie der Maid-Cocktails gelandet!

50 ml Bourbon – **Maker's Mark Bourbon**
25 ml frisch gepresster Zitronensaft
15 ml Zuckersirup
6–8 Minzblätter

Glas: Tumbler
Eis: Blockeis
Garnitur: Minzzweig
Zubereitung: Medium Shake

○

Alle Zutaten in einen Shaker mit Eis füllen und schütteln.
In einen Tumbler auf Eis abseihen und mit einem Minzzweig garnieren.

JAD BALLOUT

-

EL MEDITERRANEO

50 ml Bacardi Carta Blanca
20 ml frisch gepresster Zitronensaft
20 ml Zuckersirup 1:1 (siehe unten)
10 ml Skinos Mastiha Liqueur
3 Basilikumblätter

Glas: Martiniglas
Eis: Wird ohne Eis serviert
Garnitur: 4 Tropfen Olivenöl
Zubereitung: Long Shake

○

Alle Zutaten in einen Shaker mit Eis füllen und schütteln.
In ein gekühltes Martiniglas abseihen, garnieren und servieren.

Zuckersirup 1:1

1 Teil feiner Zucker
1 Teil Wasser

Miteinander verrühren, bis sich der Zucker aufgelöst hat.

SOUTHSIDE
(ODER SOUTH SIDE)

Dieser Cocktail geht auf die Prohibition zurück – eine Longdrinkversion davon, serviert auf Crushed Ice, war anscheinend das Lieblingsgetränk der Gangster der Chicagoer Southside. Diese »short« Version, eine perfekte Balance von Gin, Minze und Limette, wurde im 21 Club in New York kreiert. Füllen Sie ihn auf mit Champagner für einen Southside Royale oder mit Soda für einen Southside Fizz.

50 ml Gin – Cotswolds Dry Gin
25 ml frisch gepresster Limettensaft
15 ml Zuckersirup
6–8 Minzblätter

Glas: Coupette
Eis: Wird ohne Eis serviert
Garnitur: Minzblatt
Zubereitung: Long Shake

○

Alle Zutaten in einen Shaker mit Eis füllen und schütteln.
In eine gekühlte Coupette abseihen, mit einem Minzblatt garnieren und servieren.

STINGER

Dieser Cocktail, der bereits vor der Prohibitionszeit kreiert wurde, stammt von Reginald Vanderbilt – kein Bartender, sondern ein reicher Geschäftsmann, der sein Geld mit Pferden machte. Der Stinger wird manchmal auf Crushed Ice serviert, doch unserer Meinung nach kann er mühelos straight up bestehen. Sie sollten aber auf jeden Fall die farblose Crème de Menthe Blanche verwenden, nicht die grüne (Verte) Version, sonst gerät der Drink farblich nicht besonders attraktiv.

50 ml Cognac – Hine Rare V.S.O.P
10 ml Crème de Menthe Blanche – Briottet Crème De Menthe Blanche

Glas: Coupette
Eis: Wird ohne Eis serviert
Garnitur: Minzblatt
Zubereitung: Long Stir

○

Beide Zutaten in ein Rührglas mit Eis geben und umrühren.
In eine gekühlte Coupette abseihen, mit einem Minzblatt garnieren und servieren.

TOM COLLINS

Die Erfindung dieses Cocktails wird John Collins vom Limmer's Hotel in London zugeschrieben, irgendwann gegen Ende des 19. Jahrhunderts. Im Prinzip ist er fast identisch mit dem Gin Fizz (siehe Seite 114), wird aber auf Eis und in einem Highballglas serviert. Manche Rezepte verlangen nach einem Old Tom Gin, worauf sich auch der Name bezieht, unserer Ansicht nach funktioniert aber ein London Dry Gin ebenso gut. Bei Verwendung eines Old Tom wird möglicherweise weniger Zucker gebraucht, probieren Sie ihn also und passen Sie ihn entsprechend an.

1 Zitronenschale zum Schütteln
15 ml (Messlöffel) feiner Zucker
30 ml frisch gepresster Zitronensaft
60 ml Gin – No. 3 London Dry Gin
Mit Soda auffüllen – Schweppes Soda

Glas: Highballglas
Eis: Blockeis
Garnitur: Halbe Zitronenscheibe und Zitronen-Coin (nur zum Ausdrücken)
Zubereitung: Quick Shake und mit Soda auffüllen

○

Die Zitronenschale und den Zucker in einen Shaker geben und mit dem Barstößel andrücken. Den Zitronensaft dazugeben und rühren, bis sich der Zucker aufgelöst hat. Den Gin und Eis zufügen und schütteln.

In ein mit Eis gefülltes Highballglas abseihen. Mit Sodawasser auffüllen und behutsam vermischen. Mit einer halben Zitronenscheibe garnieren, einen Zitronen-Coin leicht darüber ausdrücken und servieren.

TOMMY'S MARGARITA

Diese spezielle Margarita wurde Anfang der 1990er-Jahre von Julio Bermejo in seinem Familienrestaurant, dem Tommy's in San Francisco erfunden (nicht nur unserer Meinung nach die weltweit führende Tequila-Bar). Was Julio alles über Tequila weiß, ist legendär, und diese einfache Variante einer Margarita ist schlicht ein Geniestreich. Er verwendet Agavensirup statt dem traditionellen Orangenlikör, was den Drink auf Anhieb zu einem Klassiker machte, den man heute in den Cocktailkarten vieler Bars weltweit findet. Julio selbst hat uns dieses Rezept freundlicherweise zur Verfügung gestellt.

60 ml Blanco Tequila – L & J Tequila Blanco
30 ml frisch gepresster Saft persischer Limetten
30 ml Agavensirup (1 Teil Agavendicksaft gemischt mit 1 Teil gefiltertem Wasser)

Glas: Tumbler
Eis: Blockeis
Garnitur: Limettenscheibe
Zubereitung: Medium Shake

○

Alle Zutaten in einen Shaker mit Eis füllen und schütteln.
In einen gekühlten Tumbler auf Eis abseihen, mit einer Limettenscheibe garnieren und servieren.

TUXEDO

Dies ist eine sehr interessante Variante des Martini (siehe Seite 142). Gedruckt erschien der Tuxedo erstmals im Jahr 1900 in Harry Johnsons *Bartenders' Manual,* es muss ihn aber schon früher gegeben haben.

Das Originalrezept verlangt süßen Gin (Old Tom) und trockenen Vermouth zu gleichen Teilen, dazu 2 Dashes Maraschino, 1 Dash Absinth und 2–3 Dashes Orange Bitters. Im Lauf der Zeit wurde aber viel über das Thema variiert, und als das Rezept in *The Savoy Cocktail Book* (1930) abgedruckt wurde, gab es eine klare Unterscheidung zwischen einem Tuxedo No. 1 und einem Tuxedo No. 2. Ersterer enthielt gleiche Teile trockenen Gin und trockenen Vermouth mit Zitronenschale und Absinth, Letzterer dasselbe plus Maraschino und Orange Bitters. Genau genommen ist das folgende Rezept also für einen Tuxedo No. 2. Aber probieren Sie beide, sie sind wunderbar komplex und aromatisch.

30 ml Gin – Fords Gin
30 ml trockener Vermouth – Noilly Prat Original
1,25 ml (2 Dashes) Orange Bitters – Regans' Orange Bitters No.6
1,25 ml (2 Dashes) Absinth – Pernod Absinthe
2,5 ml (4 Dashes) Maraschino – Luxardo Maraschino

Glas: Coupette
Eis: Wird ohne Eis serviert
Garnitur: Zitronen-Coin
Zubereitung: Long Stir

○

Alle Zutaten in ein Rührglas mit Eis geben und umrühren.
In eine gekühlte Coupette abseihen, mit einem Zitronen-Coin garnieren und servieren.

MONICA BERG

-

JASMINE

55 ml Hepple Gin
15 ml Noilly Prat Original
15 ml Muyu Jasmine Verte

Glas: Coupette
Eis: Wird ohne Eis serviert
Garnitur: Kalamata-Olive
Zubereitung: Long Stir

○

Alle Zutaten in ein Rührglas mit Eis geben und umrühren.
In eine gekühlte Coupette gießen, mit einer Kalamata-Olive garnieren und servieren.

VESPER

Der Vesper taucht in der Literatur zum ersten Mal 1953 auf, aber nicht in einem Cocktailbuch, sondern in Ian Flemings erstem James-Bond-Roman *Casino Royale*. Der Autor hatte sich bei zahlreichen Aufenthalten im Dukes Hotel in London inspirieren lassen. Es handelt sich um eine Art von Martini, der stets geschüttelt, nie gerührt wird. Dadurch wird der Drink belüftet sowie stärker gekühlt und verdünnt als andere Martinis. Früher wurde er mit Kina Lillet gemixt (einem französischen, mit Chinin aromatisierten Wein), der inzwischen aber nicht mehr hergestellt wird. Heute verleiht Cocchi Americano (ein italienischer Aperitif mit Kräuter- und Gewürzaromen) dem Vesper eine subtile Bitternote, was dem Cocktail mehr Tiefe gibt.

45 ml Gin – Star of Bombay Gin
15 ml Wodka – Grey Goose
7,5 ml Cocchi Americano

Glas: Martiniglas
Eis: Wird ohne Eis serviert
Garnitur: Zitronen-Coin
Zubereitung: Long Shake

○

Alle Zutaten in einen Shaker mit Eis füllen und schütteln.
In ein gekühltes Martiniglas abseihen, mit einem Zitronen-Coin garnieren und servieren.

VIEUX CARRÉ

Dies ist ein weiterer New-Orleans-Klassiker, kreiert 1938 von Walter Bergeron in der Carousel Bar im Monteleone Hotel. Der Drink ist nach dem französischen Begriff für das berühmte French Quarter von New Orleans benannt.

Der Vieux Carré ist ein fantastischer Digestif – jeder, der einen Old Fashioned oder einen Sazerac (siehe Seite 158 und 189) zu schätzen weiß, sollte ihn einmal probiert haben. Er wird leider bei Weitem nicht so oft zubereitet, wie er es verdient hätte.

25 ml Rye – Michter's US*1 Straight Rye
25 ml Cognac – Remy Martin V.S.O.P
25 ml süßer Vermouth – Asterley Bros. Estate English Vermouth
5 ml Bénédictine D.O.M. Likör
1,25 ml (2 Dashes) Angostura Bitters
1,25 ml (2 Dashes) Peychaud's Bitters

Glas: Tumbler
Eis: Blockeis
Garnitur: Zitronen-Twist
Zubereitung: Medium Stir

○

Alle Zutaten in ein Rührglas mit Eis geben und umrühren.
In einen mit Eis gefüllten Tumbler abseihen, mit einem Zitronen-Twist garnieren und servieren.

RYAN CLIFT

-

TRUFFLE SHUFFLE

50 ml Hennessey V.S.O.P
5 ml Zuckersirup
45 ml Truffle Shuffle Mix (siehe unten)

Glas: Tumbler
Eis: Blockeis
Garnitur: Thymianzweig, Scheibe schwarzer Trüffel und Orangen-Coin (nur zum Ausdrücken)
Zubereitung: Rühren

○

Alle Zutaten in ein Rührglas mit Eis geben und umrühren.
In einen Tumbler auf Eis abseihen und garnieren.

Truffle Shuffle Mix

10 ml Madeira
20 ml Ruby Port
2 Barlöffel (10 ml) Trüffelsaft (Jus de Truffes)
1 Barlöffel (5 ml) Thymianblättchen

Die Zutaten miteinander verrühren und 8 Stunden ziehen lassen, dann abseihen.

WHISKY SOUR

Dieser einfach zu mixende, köstliche Klassiker gehört zur Cocktailfamilie der Sours. Es gibt ihn schon seit den 1850er-Jahren, doch erst 50 Jahre später kam Eiweiß als weitere Zutat dazu. Manche Rezepte listen Eiweiß als »optional« auf, wir möchten aber nicht darauf verzichten, da es unserer Meinung nach den Geschmack abrundet.

Statt Bourbon können Sie auch Scotch, Applejack, Cognac oder eine andere Spirituose nehmen, vorzugsweise eine, die eine Zeitlang im Fass gereift ist.

50 ml Bourbon – Woodford Reserve Bourbon
25 ml frisch gepresster Zitronensaft
15 ml Zuckersirup
25 ml Eiweiß

Glas: Coupette
Eis: Wird ohne Eis serviert
Garnitur: Angostura-Bitters-Streifen
Zubereitung: Dry Shake und Long Wet Shake

○

Alle Zutaten in einen Shaker füllen und einen Dry Shake durchführen, gefolgt von einem Wet Shake (siehe Seite 22).

In eine gekühlte Coupette abseihen, mit einem Streifen Angostura Bitters garnieren und servieren.

WHITE LADY

Die White Lady ist ein zauberhafter, leichter Sour-Klassiker, dessen Erfindung zwei berühmte Harrys der Barwelt für sich reklamieren. Einer ist Harry MacElhone, der seine White Lady im Ciro's Club in London zunächst mit Crème de Menthe, Zitronensaft und Orangenlikör mixte, 1929 dann aber die Crème de Menthe durch Gin ersetzte. Doch auch Harry Craddock wurde als Schöpfer genannt, als der Drink 1930 ins *The Savoy Cocktail Book* aufgenommen wurde.

Das Eiweiß war eine spätere Hinzufügung, an der wir aber festhalten, da es die vielen schönen Zitrusnoten im Cocktail abrundet. Man muss allerdings erst einen Dry Shake machen, bevor man das Eis dazugibt, sonst bekommt man die richtige Textur nicht hin.

40 ml Gin – Ki No Bi Kyoto Dry Gin
10 ml Triple Sec – Cointreau
25 ml frisch gepresster Zitronensaft
10 ml Zuckersirup
25 ml Eiweiß

Glas: Coupette
Eis: Wird ohne Eis serviert
Garnitur: Zitronen-Coin (nur zum Ausdrücken)
Zubereitung: Dry Shake und Long Wet Shake

○

Alle Zutaten in einen Shaker füllen und einen Dry Shake durchführen, gefolgt von einem Wet Shake (siehe Seite 22).

In eine gekühlte Coupette abseihen, einen Zitronen-Coin leicht darüber ausdrücken und servieren.

ERIK LORINCZ

–

GREEN PARK

50 ml Jensen's Old Tom Gin
30 ml frisch gepresster Zitronensaft
15 ml Zuckersirup
25 ml Eiweiß
3 Dashes Celery Bitters
5 Basilikumblätter

Glas: Coupette
Eis: Wird ohne Eis serviert
Garnitur: Ohne
Zubereitung: Dry Shake und Long Wet Shake

○

Alle Zutaten in einen Shaker füllen und einen Dry Shake durchführen, gefolgt von einem Wet Shake (siehe Seite 22).

In eine gekühlte Coupette abseihen und servieren.

WHITE NEGRONI

2001 von Wayne Collins in Frankreich kreiert, ist dies die reizvolle Abwandlung eines klassischen Negroni. Der Campari wird durch Suze ersetzt (ein französischer Bitterlikör/Aperitif), der Vermouth durch Lillet Blanc (ein süßer französischer Aperitifwein). Der White Negroni ist ein wenig leichter im Geschmack und auch etwas heller, hat aber wie sein Vorbild eine kräftig zupackende bittersüße Note. Der Grapefruit-Twist bringt im Vergleich zur klassischen Orange eine interessante Dimension ein.

25 ml Gin – Beefeater 24
25 ml Suze
25 ml Lillet Blanc

Glas: Tumbler
Eis: Blockeis
Garnitur: Grapefruit-Twist
Zubereitung: Im Gästeglas zubereiten

○

Alle Zutaten in einen Tumbler mit Eis geben und schnell umrühren. Mit einem Grapefruit-Twist garnieren und servieren.

RICARDO DYNAN

—

ABSOLUT GANGSTER

60 ml Absolut Vodka Original
12,5 ml Lillet Blanc
5 ml Zuckersirup
4 Tropfen Bob's Abbotts Bitters

Glas: Tumbler
Eis: Blockeis
Garnitur: Orangen-Twist
Zubereitung: Medium Stir

○

Alle Zutaten in ein Rührglas mit Eis geben und umrühren.

In einen Tumbler auf Eis abseihen, mit einem Orangen-Twist garnieren und servieren.

WHITE RUSSIAN

Die genaue Herkunft dieses Drinks ist nicht bekannt, wenn man davon absieht, dass sein Rezept 1965 in den USA erstmals abgedruckt wurde. Er ist das sahnige Gegensück zum ebenso beliebten Black Russian.

Den Wodka zusammen mit der Sahne zu schütteln verleiht dem White Russian nicht nur eine weiche Textur, sondern verteilt den Alkohol auch gleichmäßig im Drink. Sonst neigen der Wodka und der Likör dazu, nach unten zu sinken, was die Gefahr birgt, dass die letzten Schlucke zu alkohollastig werden.

30 ml Wodka – Reyka
20 ml Sahne
20 ml Kaffeelikör – Mr. Black Cold Brew Coffee Liqueur

Glas: Tumbler
Eis: Blockeis
Garnitur: Ohne
Zubereitung: Dry Shake und Kaffeelikör floaten

○

Den Wodka und die Sahne in einen Shaker geben und ohne Eis schütteln (Dry Shake). In einen Tumbler auf Eis gießen und den Kaffeelikör darüber floaten. Servieren.

ZOMBIE

Dieser wuchtig-fruchtige Mix von mehreren Arten Rum stammt von Ernest Raymond Beaumont Gantt, Gastronom aus Hollywood und besser bekannt als Don the Beachcomber. Wie Sie sehen, favorisieren wir dessen Rezept von 1950, es ist ein narrensicheres Gegenmittel bei einem Kater. Aber Vorsicht …

25 ml weißer Rum – Plantation 3 Stars White Rum
25 ml goldener Rum – Banks 7 Golden Rum
25 ml 151 Demerara Rum – Gosling's Black Seal 151 Proof
25 ml frisch gepresster Zitronensaft
25 ml frisch gepresster Limettensaft
25 ml frisch gepresster Ananassaft
15 ml Passionsfruchtsirup
15 ml brauner Zuckersirup
1 Dash Angostura Bitters

Glas: Hurricane-Glas
Eis: Crushed Ice
Garnitur: Minzzweig
Zubereitung: Quick Shake

○

Alle Zutaten in einen Shaker mit Eis füllen und schütteln. In ein mit Crushed Ice gefülltes Hurricane-Glas abseihen. Mit einem Minzzweig garnieren und servieren.

LYNDON HIGGINSON

-

THE CAPTAIN LYNDON ZOMBIE

70 ml Zombie Mix (siehe unten)
50 ml frisch gepresster Orangensaft
50 ml frisch gepresster Ananassaft
50 ml frisch gepresster Apfelsaft
50 ml frisch gepresster Guavensaft
25 ml frisch gepresster Limettensaft

Glas: Humpen
Eis: Dirty Ice, mit Crushed Ice bedecken
Garnitur: Limettenschale (zum Ausdrücken), mit Gosling's 151 getränkter Zuckerwürfel, Zimtpulver
Zubereitung: Quick Shake

○

Alle Zutaten mit Eis im Shaker schütteln. In einen gekühlten Humpen gießen. Den Zuckerwürfel obenauf legen und vorsichtig anzünden. Mit Zimtpulver garnieren.

Zombie Mix

70 ml Appleton Rum
70 ml Havana Especial
70 ml Havana 3
35 ml Duppy Share Rum
35 ml Caña Brava
35 ml Falernum
35 ml Cherry Brandy
25 ml Vanillesirup
12,5 ml Passionsfruchtsirup
10 ml Absinth

REGISTER

DANK AN

Unsere Familie
Für ihre beständige Unterstützung

Unsere Kollegen
Für das, was sie uns gelehrt haben

Unseren Verleger
Für seine Geduld

Unseren Optiker
Martin Wolstencroft

Unsere Lieblingsbrüder aus Manchester
The Vennings

Unsere Freunde Liam Cotter und Matthew Robertson bei Heads, Hearts and Tails
Der Wind unter unseren Flügeln

Unseren Gläserlieferanten
Artis

Unseren Fotografen
Ed Schofield, nicht verwandt.